Königs Erläuterungen und Materialien
Band 441

W0057150

Erläuterungen zu

Jakob Michael Reinhold Lenz

Der Hofmeister

von Rüdiger Bernhardt

Über den Autor dieser Erläuterung:

Prof. Dr. sc. phil. Rüdiger Bernhardt lehrte neuere und neueste deutsche sowie skandinavische Literatur an Universitäten des In- und Auslandes. Er veröffentlichte u. a. Monografien zu Henrik Ibsen, Gerhart Hauptmann, August Strindberg und Peter Hille, gab die Werke Ibsens, Peter Hilles, Hermann Conradis und anderer sowie zahlreiche Schulbücher heraus. Seit 1994 ist er Vorsitzender der Gerhart-Hauptmann-Stiftung Kloster auf Hiddensee. 1999 wurde er in die Leibniz-Sozietät gewählt.

1. Auflage 2006
ISBN-13: 978-3-8044-1826-4
ISBN-10: 3-8044-1826-0
© 2006 by C. Bange Verlag, 96142 Hollfeld
Alle Rechte vorbehalten!
Titelabbildung: Szenenfoto aus der Erstaufführung des *Hofmeisters.*
Residenztheater München, 7. August 1957.
Regie: Hanskarl Zeiser (Peter Arens und Kurt Horwitz).
Foto: Rudolf Betz.
Druck und Weiterverarbeitung: Tiskárna Akcent, Vimperk

Inhalt

(Zitiert wird nach: Jakob Michael Reinhold Lenz: *Der Hofmeister oder Vorteile der Privaterziehung*. Eine Komödie. Anmerkungen von Friedrich Voit. Nachwort von Karl S. Guthke. Stuttgart: Philipp Reclam jun., 2003, Universal-Bibliothek Nr. 1376.)

Vorwort

Als das Stück *Der Hofmeister* 1774 erschien, meinten viele Zeitgenossen, es sei von Goethe, der kurz zuvor mit *Götz von Berlichingen* (1773) und bald nach dem *Hofmeister* mit dem Roman *Die Leiden des jungen Werther* berühmt wurde. Anderen war eine solche Zuordnung fremd. Es gab Widerspruch: Gottfried August Bürger, der populäre Balladendichter, hielt Lenz für einen schlechten Nachahmer und konnte den *Hofmeister* nicht zu Ende lesen. – Wenige Dichter sind in der Literaturgeschichte **so umstritten** wie Jakob Michael Reinhold Lenz. Nicht einmal geistige Lager sind dabei erkennbar: Georg Lukács, der Marxist, meinte: „ ... seine Dramen als Ganzes bauen sich stets auf eine aufgeregt-philiströse, anspruchsvoll-sinnlose Schrulle auf"[1]. Eine verbreitete konventionelle Einführung in die Literaturgeschichte sah Lenz „zeitlebens im Schatten Goethes" und beschrieb den *Hofmeister*: „Das Stück zeigt eine verworrene Handlung um einen labilen und schwachen Privatlehrer, der ein Mädchen verführt und dann im Stiche lässt"[2]. Da stimmt kein Wort mit Lenz' Stück überein. Oft wird Lenz' Leben und Werk vom Tod in geistiger Verwirrung und völliger Armut her erklärt oder aus seiner Nähe zu Goethe, die ihm auch zum Verhängnis wurde. Sein bekanntestes Stück ist *Der Hofmeister oder Vorteile der Privaterziehung* (1774), von Lenz selbst als Trauerspiel und als Komödie bezeichnet. Tatsächlich ist das Stück die erste bedeutende Tragikomödie der deutschen Literatur. Es ereignen sich, fast auf der Bühne, die Entjungferung eines adligen Mädchens, deren Folge ein uneheliches Kind ist, und die Entmannung des Erzeugers. Beides erregte seinerzeit großes Aufsehen. Das Stück wurde zuerst Goethe zugeschrieben, da es im gleichen Verlag wie *Die Leiden des jungen Werther* (1774) und wie zu der Zeit üblich anonym erschienen war. Goethe hatte den Druck empfohlen. Man hielt Goethe für den Ver-

---

1 Georg Lukács: *Skizze einer Geschichte der neueren deutschen Literatur.* Berlin: Aufbau-Verlag, 1955, S. 24.
2 Hermann Glaser, Jakob Lehmann, Arno Lubos: *Wege der deutschen Literatur.* Frankfurt a. M. – Berlin: Verlag Ullstein, 1965 (3. Auflage), S. 118.

fasser, weil es zwischen ihm und Lenz zu der Zeit Ähnlichkeiten und Beziehungen gab. Goethe war bekannter und man bezeichnete die Angehörigen seines Freundeskreises in Straßburg, zu dem auch Lenz gehörte, als „Goethianer". Lenz' *Hofmeister* und Goethes *Götz von Berlichingen,* 1773 erschienen, uraufgeführt 1774, wurden mit Shakespeare verglichen, den der Sturm und Drang zum Vorbild erkoren hatte. Lenz übertrug seine mit Shakespeares Stücken gesammelten Erfahrungen auf ein deutsches Gegenwartsstück.

Das Stück wurde später hin und wieder gespielt, bearbeitet (F. L. Schröder, Klabund, Hans-Ulrich Treichel), zitiert und manchmal beschworen. Seine Wirkung erreichte es durch Bertolt Brecht, der dieses Stück 1949 für das Berliner Ensemble bearbeitete und dort 1950 inszenierte. Für ihn war die Komödie nicht heiter, sondern sarkastisch und in Inhalt und Form **eines der modernsten Dramen der deutschen Literatur**.

Lenz wollte mit dem *Hofmeister* soziale Reformen einleiten. Sein Stück wollte praktizierte Politik und Programm zum Handeln sein. Während die anderen Dichter aus dem Sturm und Drang herauswuchsen und zur Klassik gelangten, verhinderte Lenz' früher Tod diese Entwicklung. So wurde er literaturgeschichtlich der bedeutendste Stürmer und Dränger, aber gleichzeitig war er mit dem *Hofmeister* der literarischen Aufklärung mit ihren pädagogischen Zielen und ihren didaktischen Ansprüchen nahe, obwohl Lenz durch das Elternhaus nicht aufklärungsfreundlich erzogen wurde. Seine geistigen Entwürfe wiederum zielten über den Sturm und Drang hinaus. Bereits 1775 hielt er einen Vortrag *Versuch über das erste Principium der Moral* und entwarf ein Modell der Vollkommenheit (Harmonie), das aus dem Zusammentreffen „des wahren Schönen" und des „wahren Guten" entstehen sollte.[3] Das war eine klassische Vorstellung und Lenz damit „ein zu früh gekommener Kantianer"[4].

---

3   Jakob Michael Reinhold Lenz: *Versuch über das erste Principium der Moral.* In: ders.: Werke und Briefe, Bd. 2, S. 505

4   Mayer *Lenz oder Die Alternative.* In: ders.: Das unglückliche Bewusstsein. Frankfurt am Main: Suhrkamp Verlag, 1986 (Erstdruck in: Jakob Michael Reinhold Lenz: Werke und Schriften II, Stuttgart: Goverts, 1967, S. 109. – Gemeint ist die Philosophie Immanuel Kants, die die Vollkommenheit als Ideal der menschlichen Entwicklung propagierte.

Die vorliegenden Erläuterungen beschreiben, neben Entstehung, Personen und sprachlicher Gestaltung, die Besonderheiten dieses Stücks. Ausführlich wird die Bearbeitung Brechts, die den Ruhm des Werkes sicherte, beleuchtet.

1. Jakob Michael Reinhold Lenz: Leben und Werk

1.1 Biografie

Jahr	Ort	Ereignis	Alter
1751	Seßwegen, lett.: Casvaine, russ.: Цасвание), Livland (heute: Lettland)	23. Januar (12. Januar nach dem alten russischem Kalender): Jakob Michael Reinhold Lenz wird als 4. Kind des Pastors Christian David Lenz und seiner Frau Dorothea, geb. Neoknapp, geboren. Anfangs Unterricht beim Vater und strenge pietistische Erziehung im Geiste der Halleschen Ausbildung (August Hermann Francke). Seinen Geburtsort erwähnte Lenz niemals.	
1759	Dorpat	Übersiedlung der Familie. Elementar-, später Lateinschule. Erste Dichtungen, Beginn der Arbeit am Zyklus *Die Landplagen*.	8
1766	Dorpat	Nach lokalen Ereignissen entsteht *Der verwundete Bräutigam*. Erste Veröffentlichung in den *Rigischen Anzeigen*.	15
1768	Königsberg	Herbst: Unterstützt von der Armenkasse und vom Vater Studium der Theologie. Einfluss der Vorlesungen von Immanuel Kant, dem er 1770 ein Gedicht widmet.	17

Jahr	Ort	Ereignis	Alter
1769	Königsberg	Studiert bevorzugt die schönen Künste, Beschäftigung mit Shakespeare und Lessing.	18
1770	Königsberg	Kurzzeitig Hofmeister. Widersetzt sich dem Vater, der ihn anweist, eine Pfarr- oder Hofmeisterstelle anzunehmen.	19
1771		Frühjahr: Reisebegleiter für die Brüder Friedrich Georg und Ernst Nikolaus von Kleist, die ins französische Militär eintreten wollen.	20
	Berlin	April: Lernt Friedrich Nicolai, Verleger und Autor, kennen.	
	Straßburg	Mai: Ankunft im Zentrum der Stürmer und Dränger. Juni: Bekanntschaft mit Goethe (Herder war im April abgereist; Lenz lernt ihn erst in Weimar kennen). Vermutlich im Kreis Johann Daniel Salzmanns (1722–1812, Rechtsanwalt, Vorsitzender der literarischen „Societät") und seinem Kreis (Heinrich Leopold Wagner, Lerse, Jung-Stilling u. a.).	
	Sesenheim	Besuch bei Friederike Brion – von der Goethe sich gerade getrennt hatte –, in die er sich verliebt.	
1772	Fort Louis bei Straßburg	Zieht mit den Brüdern von Kleist zuerst hierher, dann im September nach Landau. Zwischendurch in Straßburg. Ende des Jahres: Rückkehr nach Straßburg.	21

Jahr	Ort	Ereignis	Alter
1773	Straßburg	Rede vor der Salzmann'schen „Sozietät" *Über Götz von Berlichingen.* Briefwechsel mit Goethe.	22
1774	Leipzig	Bei Weygand erscheint *Der Hofmeister oder Vorteile der Privaterziehung.* Lebt als freier Schriftsteller.	23
	Straßburg	Briefwechsel und Beziehungen zu Sophie von La Roche, Johann Heinrich Merck u. a. Unerfüllte Liebe zur Juwelierstochter Susanne Cleophe Fibich. Verdient sich Unterhalt durch Stundengeben (deutsche Sprache, Geografie, Festungswesen u. a. bevorzugt für Livländer), da die Brüder von Kleist Straßburg verlassen haben; ihr jüngerer Bruder Nicolaus Hieronymus tritt bis zum Herbst an ihre Stelle. Juni: Beginn der Freundschaft mit Lavater. September: erneute Immatrikulation als Student der Theologie, Abbruch. Begeistert sich für Goethes *Die Leiden des jungen Werther.*	
1775	Emmendingen	27. Mai – 5. Juni: Mit Goethe bei dessen Schwester Cornelia, zu der er einseitig in Liebe entbrennt, und deren Mann Johann Georg Schlosser. 12. Juli: Goethe, der unterwegs in die Schweiz ist, macht in Straßburg Station.	24

Jahr	Ort	Ereignis	Alter
		Briefwechsel mit Herder. Gründung der „Deutschen Gesellschaft" unter Mitwirkung von Lenz.	
1776	Straßburg	Liebe zu Henriette von Waldner-Freundstein, die aber im Frühjahr heiratet. Druck der *Soldaten*. Zahlreiche anerkennende Rezensionen zu seinen literarischen Leistungen.	25
	Mannheim, Darmstadt, Frankfurt	März: Besuch der Antikensammlungen u. a.	
	Weimar	3. April – 1. Dezember, 5. April: Vorstellung bei Hofe. Zwischenzeitlich vom 27. Juni – 10. September in Bad Berka. Danach als Begleiter und Englischlehrer bei Charlotte von Stein in Großkochberg. Begegnung mit Klinger. 26. November: „Eseley" bei Hofe führt zur Ausweisung durch den Herzog. Vermutlich handelte es sich dabei um eine sarkastische Bloßstellung der Frau von Stein als Geliebte Goethes[5] und Lenz' Versuch, Frau von Stein selbst als Ge-	

---

5 Georg Brandes vermutet, Lenz habe sich Frau von Stein, die ihn als Englischlehrer anstellte, genähert, annehmend, wenn „sie Goethe liebte, auch ihn lieben (zu) könne(n)" (Georg Brandes: *Goethe*. Berlin: Erich Reiss Verlag, 1922, S. 102).

Jahr	Ort	Ereignis	Alter
		liebte zu gewinnen[6], oder um eine unsittliche Annäherung an die Herzogin Luise, die Frau des Herzogs Karl August[7]. Bruch mit Goethe. Fühlt sich „ausgestoßen aus dem Himmel als ein Landläufer, Rebell, Pasquillant"[8]. Flucht aus Weimar am 1. 12. Planlose Reisen, u. a. nach Erfurt, Straßburg und Emmendingen, wo ihn die Schlossers aufnehmen.	
1777		Reisen nach Straßburg, Colmar, Basel, Zürich, Schaffhausen, besteigt den St. Gotthard. 7. Juni: Tod	26
	Emmendingen	Cornelia Schlossers, schwere Erschütterung. August – November:	
	Zürich	Gast bei Lavater in Zürich. Ende November: Krise (Wahnsinnsanfälle, Depressionen als Zeichen einer ersten schizophrenen Phase).	
	Winterthur	Jahreswechsel in Winterthur bei Christoph Kaufmann.	
1778	Waldersbach	20. Januar – 8. Februar: Aufenthalt bei Oberlin. Verfällt zeitweise dem Wahnsinn. Selbstmordversuche. Deshalb am 8. Februar: Verbringung nach Straßburg.	27
	Straßburg		

---

6 Vgl. die Schilderung Karamsins, als er 1789 in Weimar nach Spuren von Lenz suchte. In: Christoph Hein: *Waldbruder Lenz*. In: ders.: Öffentlich arbeiten. Essais und Gespräche. Berlin und Weimar: Aufbau-Verlag 1987, S. 91.

7 Peter Hacks: *Lenzens Eseley*. In: ders.: Die Maßgaben der Kunst. Gesammelte Aufsätze 1959–1994. Hamburg: Edition Nautilus, 1996, S. 385 f.

8 Brief an Herder vom 29. 11. 1776. In: Lenz, Bd. 3, S. 517.

Jahr	Ort	Ereignis	Alter
	Emmendingen	Rückkehr nach Emmendingen: Schlosser versucht Geldsammlungen und Arbeitstherapie (Schuhmacherlehre) für den immer schwierigeren Patienten, die aber scheitert.	
	Wiswyl	August: Einquartierung bei einem Förster im Schweizer Wiswyl.	
1779	Hertingen	Unterbringung bei einem Arzt in Hertingen bei Basel. Juni: Der Bruder holt ihn ab, Wanderung über Emmendingen, Frankfurt, Weimar nach Lübeck, Überfahrt nach Riga, wo der Vater inzwischen Generalsuperintendant geworden ist.	28
	Riga	23. Juni: Ankunft in Riga. Suche nach einer festen Anstellung scheitert.	
1780	St. Petersburg/ Moskau	Versuche, eine Anstellung als Lehrer, Vorleser oder Soldat zu finden, scheitern. Herbst: Rückkehr nach Livland, Hofmeister. Nach kurzer Zeit erneut Aufbruch nach St. Petersburg. Moskau: Gibt Stunden an einer Adelsschule. Arbeitet als Übersetzer; kaum Verbindung zur Familie und zu den Freundeskreisen, zunehmende Vereinsamung.	29

Jahr	Ort	Ereignis	Alter
1783/84		Mitglied in der Moskauer Freimaurerloge „Zu den drei Fahnen".	32/33
1784	Moskau	Bekanntschaft mit russischen Freimaurern und seit 1787 mit dem russischen Schriftsteller Nikolai M. Karamsin (1766–1826), der den Gefühlsreichtum des Menschen einer feindlichen Umgebung gegenüberstellte, u. a.	33
1787	Moskau	Übersetzung von Sergei Pleschtschejews *Übersicht des Russischen Reiches* ins Deutsche.	36
1789	Moskau	Lenz streift in der Umgebung herum, zieht von Landsitz zu Landsitz. Karamsin reist durch Deutschland und erinnert in Weimar an Lenz; er stößt auf Unverständnis.	38
1792	Moskau	4. Juni (24. Mai nach russischem Kalender): Tod im größten Elend auf einer Straße. An unbekanntem Ort begraben. Das *Intelligenzblatt der Allgemeinen Literaturzeitung* meldete seinen Tod: „Heute starb allhier Jac. Mich. Reinh. Lenz, der Verfasser des *Hofmeisters,* des *Neuen Menoza* etc. von wenigen betrauert, und von keinem vermisst"[9].	41

---

9   Hettner, Bd. 2, S. 195, Faksimile in: Kaufmann, S. LI.

1.2 Zeitgeschichtlicher Hintergrund

Seit den sechziger Jahren des 18. Jahrhunderts entwickelte sich in Deutschland die Bewegung des Sturm und Drangs. Ihre Hauptidee war, dass Kunst soziale Veränderungen bewirken und sowohl nationale als auch „originale" Züge aufweisen müsse. Herder war mit seinen literaturtheoretischen Schriften, darunter *Kritische Wälder* (1769) und *Von deutscher Art und Kunst* (1773) dafür ein Kronzeuge, Heinrich Wilhelm von Gerstenberg (mit dem Drama *Ugolino,* 1768, das erste shakespearisierende Drama der deutschen Literatur) und Goethe (*Götz von Berlichingen,* Urfassung 1771, das erfolgreichste shakespearisierende Drama der deutschen Literatur) andere. Es waren Beispiele einer **„In-tyrannos"-Haltung** („Gegen die Selbstherrscher!"), wie sie im Göttinger Hainbund propagiert wurde und die dann Schillers *Die Räuber* (1781), deren 2. Auflage 1782 die Worte in der Titelvignette hatte, berühmt machte. In den Tyrannen sah man den Anlass für den Kampf um die Freiheit, unter der man die Beseitigung der Unterdrückung verstand.

Damit verband sich vielfältige Kritik an den sozialen und gesellschaftlichen Zuständen. In Lenz' *Hofmeister* ging es um **die vorhandenen Bildungs- und Erziehungsmöglichkeiten.** Sie wurden ausgewiesen durch die Universität und öffentliche Schule einerseits und personifiziert durch den Hofmeister andererseits; selbst Pastor Läuffer lässt am öffentlichen Schulsystem kein gutes Haar, da unfähige Lehrer, pedantische Methoden und verwahrloste Sitten herrschten (S. 23, 5 ff.). Um das preußische Bildungswesen mit einem Fakt zu beschreiben: Das preußische Heer kostete jährlich 13 Millionen Taler, die vier preußischen Universitäten (Duisburg, Königsberg, Frankfurt/Oder und Halle) hatten einen Jahreshaushalt von zusammen 44.362 Taler. – Die Kritik wurde im Stück von gegensätzlichen Seiten vorgetragen: von dem adligen Geheimen Rat von Berg und dem Schulmeister

> Bewegung des Sturm und Drangs

Wenzeslaus. Mitzubedenken ist, dass durch Jean-Jacques Rousseau (1712–1778), auf den sich Lenz beständig beruft und den aufzusuchen sein dringender Wunsch war, das erstarrte Bildungssystem in Europa mit dem Verweis auf das „natürliche Leben" und den „natürlichen Menschen" aufgebrochen wurde. An diesen Menschen band sich die Freiheit des Willens, die für die Stürmer und Dränger zum realen Ziel wurde und von Lenz in den Begriff des „Handelns" verwandelt wurde. Im Gespräch zwischen Läuffers Vater und dem Geheimen Rat von Berg (2. Akt, 1. Szene) entwirft Berg die Konturen einer verantwortlichen und erfolgreichen Erziehung und Bildung, deren erste Voraussetzung Freiheit, also keine ökonomische Abhängigkeit von Schülern und Lehrern, ist. Darauf aufbauend muss sich der Mensch eine umfassende Bildung erwerben, deren Verwendung nicht durch finanzielle Bindungen eingeschränkt werden darf (S. 20), sondern „dem allgemeinen Besten" dienen soll. Ähnlich argumentiert der Dorfschullehrer Wenzeslaus, der sich nur Gott und seinem Gewissen verpflichtet sieht und dabei sogar seine plebejische Würde erfolgreich gegen den Adel einsetzen kann (S. 46 f.). Dafür muss er Verluste einstecken: „Magd hab ich nicht und an eine Frau hab ich mich noch nicht unterstanden zu denken, weil ich weiß, dass ich keine ernähren kann" (S. 48, 8 ff.). Diese übereinstimmenden Meinungen, die aus gegensätzlichen sozialen Gruppen kommen, deuteten auf Lenz' Konzept hin, ein Bildungs- und damit auch ein Kunstprogramm für das Volk zu entwickeln, wobei ihm die Gegensätzlichkeit, Unausgeglichenheit und Heterogenität des Volkes bewusst war. Volk, das war für ihn „ein solcher Mischmasch von Kultur und Rohigkeit, Sittigkeit und Wildheit"[10], das sowohl unterschiedliche Entwürfe und Lösungen als auch unterschiedliche Vermittlungen entwickelt werden mussten, „Aufklärungspostulate also *und* Fortstreben aus den bürgerlichen Schranken"[11]. Die Dramatik wurde für ihn dafür zum politi-

---

10   J. M. R. Lenz: *Rezension des neuen Menoza, von dem Verfasser selbst aufgesetzt.* In: Lenz, Bd. 2, S. 703 f.
11   Mayer, S. 125.

schen Instrument. Eine solche unorganisierte Vielfalt von Möglichkeiten und Mitteln kam seinem sprunghaften, aber oft auch wirren Geist entgegen.

Waren Erziehungsfragen ein wichtiges Thema des Stückes, so war sein eigentlicher Stoff eine Provokation: Es ging um die Geschlechtlichkeit des Menschen. Kein anderer Autor der Zeit hat ihr eine so bestim-
mende Rolle für das Leben des Menschen eingeräumt. Lenz sah im Geschlechtrieb eine der schönsten Gottesgaben und, wie er in seinen *Philosophischen Vorlesungen für empfindsame Seelen* meinte, „die Mutter aller unserer Empfindungen". Für Lenz war die Sexualität eine wesentliche Triebkraft für menschliches Handeln, für den Gefühlsreichtum und für die Entwicklung mitmenschlicher Verantwortung. Damit nahm er ein bevorzugtes Thema des Sturm und Drangs auf, erweiterte es aber bis an die seinerzeit denkbaren Grenzen. Die Stürmer und Dränger konzentrierten sich bei der Gestaltung des Themas auf die Mütter mit unehelichen Kindern wie Lenz' Gustchen; sie wurden im Extremfall zu Kindesmörderinnen. Der bevorzugte Vorgang in der Dramatik (Heinrich Leopold Wagner: *Die Kindermörderin*, 1776; Friedrich Maximilian Klinger: *Das leidende Weib*, 1775) wurde durch Lenz' *Hofmeister* angestoßen und reichte bis in Goethes *Faust* (die Gretchen-Tragödie) hinein. Macht man Lenz' Ansichten zum Maßstab, die er selbst real nicht gelebt hat und wegen seiner Armut auch nicht leben konnte, so sind die Figuren im *Hofmeister* sexuell amputiert oder eingeschränkt, manche auch fehlorientiert: Läuffer hat sich kastriert, Lise verzichtet freiwillig auf Sexualität, Gustchen bekämpft mit Sexualität Langeweile und Enttäuschung, Wenzeslaus hat mangels finanzieller Mittel weder Frau noch Magd und entsagt der Sexualität, der Major liebt seine Tochter wie einen „Abgott" und Inzest scheint nicht weit („Alle Tage ist sie in meinem Abendgebet und Morgengebet und in meinem Tischgebet, und alles in allem", S. 13, 16 ff.), Gegenstand der Begierde der Majorin ist der als Schwiegersohn vorgesehene Graf Wermuth, Jungfer Re-

Geschlechtlichkeit des Menschen

haar wird zur Kurtisane und für Studenten wie Pätus sind Mädchen Freiwild. Nur der Geheime Rat von Berg ist scheinbar frei von solchen Reduktionen oder Fehlorientierungen, dafür hat er das Gefühl durch den Verstand ersetzt („Narrheiten müsst ihr nicht machen; keine Affen von uns Alten sein", S. 17, 11 ff.), also nach der Lenz'schen Auffassung frühzeitig eine Amputation vorgenommen, die geistig das vollzog, was Läuffer mit dem Messer tat.

Neben der ausgeprägt politischen Absicht des Sturm und Drangs gab es auch einen literarischen Neuansatz. Indem man Wahrheit und Natürlichkeit in der Dichtung suchte und dabei **Rousseau** im Kopf hatte, orientierte man sich an der Volksdichtung, in der nationale Besonderheiten sich ebenso niedergeschlagen hätten wie ursprüngliche und unverfälschte Empfindung. Dadurch geriet das von der Aufklärung entwickelte Bildungskonzept des Denkens in Widerspruch mit einem Konzept, das die Gefühle favorisierte. Ein Konflikt entstand daraus nicht, sondern die Stürmer und Dränger sahen sich durchaus in Lessings Tradition, zu dessen revolutionärem Denken sie nun das revolutionäre Gefühl einbrachten. Der Gestalter dieser Gefühle war das gewünschte „Originalgenie", wie nach dem „Originalgenius" des Engländers Young der neue Schriftstellertyp bezeichnet wurde. Gefordert war Ursprünglichkeit, die sich von Normen zu lösen verstand. Aber darin lag auch die Gefahr, künstlerische Disziplin und traditionelle Ordnungen preiszugeben. Lessing und Lichtenberg warnten vor diesen Gefahren.

Im Unterschied zu Gerstenberg, der einen Stoff aus Dantes *Göttlicher Komödie* verwendete, und Goethe, der seinen Stoff aus der Zeit des Bauernkrieges nahm, war 1774 Lenz' *Hofmeister* ein Gegenwartsstück; es spielt um 1768. Die Wirkung, die er anstrebte, war aufklärerisch in einem sehr direkten Sinne und das Stück kann man „der typischen Aufklärungsliteratur zurechnen"[12]. Als literarisches Vorbild

Shakespeare

wurde Shakespeare gepriesen – zuerst von Herder –, weil Shakespeares Werke aus der volkstümlichen Tradition und der eigenen Geschichte stammen.

12 Mayer, S. 118.

Da die deutsche Kulturtradition der englischen näher sei als der griechischen, empfahlen die Stürmer und Dränger statt der klassizistischen und damit antiken Tradition, wie sie Gottsched in der Aufklärung propagiert hatte, – stellvertretend wurde auf die Regeln des Aristoteles verwiesen –, die Tradition Shakespeares. Die Stürmer und Dränger folgten dieser Überlegung fast ausnahmslos. Lenz' *Anmerkungen übers Theater* (1774) waren ebenso ein Ergebnis wie Goethes Rede *Zum Schäkespears Tag* (1771). Bei Lenz wurden zusätzlich die Einflüsse Herders und Gerstenbergs deutlich. Aber Lenz war radikaler: Aristoteles wurde mit seiner Orientierung auf die Einheit der Handlung im Drama nun völlig abgelehnt, dafür wurden die Charaktere als bestimmend für die Handlung propagiert, seien sie doch das Ergebnis der Natur, die der Dichter nachahmen solle, und nicht durch Regeln gefesselt. Daraus folgte eine klare Unterscheidung zwischen antiker und der neuen bürgerlichen Tragödie: Jene sei Schicksalstragödie, diese Charaktertragödie. Das bedeutete auch, künstlerische Nachahmung neu zu fassen, weniger als Beschreibung von Handlungen, mehr als Darstellung von Charakteren.

Die jungen Dichter wollten eine bürgerliche Entwicklung vorantreiben, die sie als Gegensatz zur Konvention, einem verrotteten und die Gefühle zerstörenden Verhaltenskodex und einer sozial ungerechten feudalen Gesellschaft betrachteten. Dabei wollten sie die nationalen kulturellen Traditionen neu wecken, um sie der nationalen Zersplitterung entgegenzusetzen und sie in den europäischen Kontext zurückzuführen. Ihre Dichtung, vor allem die Dramatik, orientierte sich an bürgerlichen Themen wie der dem Denken folgenden Tat – Tätigsein stand hoch im Kurs – und bezog plebejische und bäuerliche Schichten in die Figurenensembles ein. Das veränderte auch die literarischen Helden: Hofmeister und andere Intellektuelle als Beispiel der unterdrückten Bürgerlichkeit erschienen in der Literatur, aber auch Kindesmörderinnen, verführte Mädchen, der ausgebeutete Bauer und der rechtlose gedrillte Soldat.

> Hofmeister und andere Intellektuelle als Beispiel der unterdrückten Bürgerlichkeit

Als Fernziel hatten die Stürmer und Dränger mit ihren literarischen Zeugnissen eine Revolution im Sinn, die jedoch auf die „literarische Revolution" (Goethe) beschränkt blieb. Der **Hofmeister** war eine verbreitete gesellschaftliche Figur, die einerseits Bildung, andererseits gesellschaftliches Verhalten (Umgangsformen) vermitteln sollte. Er war zumeist jung, Absolvent eines Theologie- oder Philosophie-, manchmal auch eines Philologiestudiums. Der Dichter Christian Fürchtegott Gellert, dessen Gedicht *Der Selbstmord* Gustchen zitiert (S. 14, 9 f.), hielt an der Universität Leipzig Vorlesungen über den Beruf des Hofmeisters. Die widersprüchliche Situation des Hofmeisters ergab sich daraus, dass er für den adligen oder wohlhabenden Nachwuchs die Autoritätsperson in Sachen Bildung, Wissen und Erziehung sein sollte, gleichzeitig aber im öffentlichen Umgang mit diesem Nachwuchs, an der Tafel, bei Gesellschaften, bei der Jagd usw., der rechtlose Domestik war. Da er mit dem Unterricht für den Nachwuchs der einen Familie meist nicht ausgelastet war, übertrug man ihm auch andere, meist unterhaltende Aufgaben, die ihn auch als Clown des Hauses erscheinen ließen.

In diesen geistigen Prozess brachte Lenz eine Erfahrung ein, die andere nicht hatten. Er kam aus Livland, einer Provinz des zaristischen Russland – sie umfasste Teile Estlands und Lettlands –, wo soziale Unterschiede durch nationale Gegensätze verschärft wurden. Lenz hat in frühen Gedichten davon gesprochen. Die Deutschen, 8 % der Einwohner, waren die Besitzenden, sie stellten den Adel und die Geistlichkeit, die Russen (4 %) die Beamten und die Kaufleute, die einheimischen Letten (42 %) und Esten (41 %) waren ihre Untertanen. Hofmeister war sein Vater dort gewesen, ehe er Pfarrer wurde. Die soziale Struktur beschäftigte den jungen Lenz: In Straßburg plante er nationalökonomische Briefe eines livländischen Adligen, in denen eine völlig neue Verteilung des Besitzes überdacht wurde. Hofmeister in Livland zu

Hofmeister in Livland

sein bedeutete, dass man sich auf eine Interimstätigkeit einstellte und nach kurzer Zeit ein Amt bekam, da viele Pfarrerstellen vakant waren. Der Hofmeister in Livland war weniger Domestik als der in Deutschland, aber er unterlag einer allgemein verbreiteten Provinzialität. In der intellektuellen Hierarchie stieg er relativ schnell und geradlinig auf.[13] Auch für Lenz war das so gedacht; der Vater bemühte sich auch darum, aber Lenz brachte keine Voraussetzungen dafür mit: Er hatte keinen akademischen Abschluss und zu wenig Hofmeistererfahrung.

Die Literatur des Sturm und Drangs, so auch Lenz' *Hofmeister*, entstand zu einem großen Teil an den Rändern des Römischen Reiches Deutscher Nation und brachte Nachricht aus deutschen Provinzen, hier aus Ostpreußen. Das war nicht zuletzt die Folge davon, dass es ein deutsches Kunst- und Bildungszentrum wie auch ein politisches und wirtschaftliches Zentrum nicht gab. Im Elsaß waren sich die jungen Stürmer und Dränger von Goethe bis Lenz ebenbürtig und sahen in Herder ihren Meister. In Weimar stand Lenz deutlich im Schatten Goethes, wurde „Mendoza oder der tolle Lenz" – nach seinem Stück *Der neue Menoza* – genannt[14], suchte und fand Aufsehen und provozierte, so auf einem Hofball, als er „sich erdreistete, uneingeführt im Ballsaal einzutreten, und ein Fräulein zur Menuet (sic!) einzuführen"[15]. Böttiger wusste auch mitzuteilen, dass Lenz wegen „seiner Anomalien" von seinem Vater enterbt worden sei. Goethe baute zunehmend Misstrauen gegen diesen widerspruchsvollen, provozierenden und satirischen Zeitgenossen auf. In *Dichtung und Wahrheit* beschrieb er ihn mit dem Wort „whimsical", welches „gar manche Seltsamkeit in *einem* Begriff zusammenfasst"[16].

Lenz' Eintritt in Weimar durch die Hintertür machte ihn zum Antipoden Goethes; und in der feudalen Welt, in der ein Goethe ein Adliger geworden war, stand Lenz mit seiner plebejischen Haltung als lebendige Provokation.

---

13 Thomas Schnaak: *Das theologische Profil des Vaters in einigen Grundzügen*. In: Kaufmann, S. 16.
14 Karl August Böttiger: *Literarische Zustände und Zeitgenossen*. Begegnungen und Gespräche im klassischen Weimar. Hrsg. von Klaus Gerlach und René Sternke. Berlin: Aufbau-Verlag, 1998, S. 35.
15 Böttiger, ebd.
16 Goethe: *Aus meinem Leben. Dichtung und Wahrheit* (11. Buch) In: ders.: Poetische Werke. Berliner Ausgabe. Bd. 13. Berlin: Aufbau-Verlag, 1960, S. 533.
    whimsical = engl. grillenhaft, wunderlich, launisch.

1.3 Angaben und Erläuterungen zu wesentlichen Werken

In kurzer Zeit entstand ein bedeutendes literarisches Werk, zu dem mehrere Stücke und theoretische Schriften gehören. Lenz löste sich vom aristotelischen und französischen Theater und entwarf eine eigene Dramenform, die von Shakespeare beeinflusst war.

1771/72   1771/72 *Philosophische Vorlesungen für empfindsame Seelen*[17]. Die Vorlesungen gehören zu den ersten, die von Lenz in der Straßburger „Sozietät" gehalten wurden. Das Thema war die Zähmung des Geschlechtstriebes, ohne dass er asketische Strenge verordnete. Für ihn war dieser Trieb die Ursache der Gefühle; wer diesen „Schatz" verschwende, werde zum leeren und kalten Geschöpf. Läuffers Kastration als Lösung wurde bereits eine Absage erteilt, denn die Ausrottung des Triebes mit dem Messer nach dem Beispiel des Pater Origenes mache gefühllos. Die Ehe sei die Einrichtung, wo der Trieb gestillt und ins irdische Vergnügen überführt werden konnte. So entstand die Polarität zwischen Ehe und Entmannung, um mit dem Geschlechtstrieb fertig zu werden. Geistige Unterstützung hatte Lenz dabei von Hupels Ideen bekommen, der als Lösung ebenfalls Heirat oder Kastration vorschlug.[18]

1774   1774 *Anmerkungen übers Theater nebst angehängten übersetzten Stück Shakespears*. Es ist Lenzens wichtigster ästhetischer Text; er gilt als theoretische Grundlegung der Periode, hervorgegangen aus Vorträgen für die Straßburger „Sozietät".[19] Während ihn die Stürmer und Dränger be-

---

17 Die lange verschollenen Vorlesungen wurden 1993 in der British Library zu London aufgefunden und publiziert: Jakob Michael Reinhold Lenz: *Philosophische Vorlesungen für empfindsame Seelen*. Faksimiledruck der Ausgabe Frankfurt und Leipzig 1780. Mit einem Nachwort herausgegeben von Christoph Weiß. St. Ingbert: Röhrig Verlag, 1994.

18 Vgl. Damm, S. 54.

19 1994 wurde Jakob Heinrich von Lilienfeld (1716–1785), der zu einem aufgeklärten livländischen Gesprächskreis gehörte, als möglicher Anreger für Lenz' Polemik gegen die drei Einheiten des Aristoteles ermittelt. Er wollte sie durch eine „wirklichkeitsbestimmte Handlungsführung" ersetzen. Vgl. Thomas Schnaak: *Zum Bildungsgang des jungen Lenz*. In: Kaufmann, S. 13.

geistert aufnahmen, verhielten sich die Aufklärer, allen voran Lessing, sehr zurückhaltend. Er geht einmal gegen Aristoteles vor, der von Lessing als allgemeingültig propagiert worden war. Zum anderen klassifiziert er die moderne Tragödie als Charaktertragödie (im Gegensatz zur antiken Schicksalstragödie). Lenz widersprach Aristoteles' Kanon der drei Einheiten zu Gunsten einer größeren Einheit, die bei ihm allumfassend ist: „Und was heißen denn nun drei Einheiten, meine Lieben? Ist es nicht die *eine*, die wir bei allen Gegenständen der Erkenntnis suchen, die eine, die uns den Gesichtspunkt gibt, aus dem wir das Ganze umfangen und überschauen können?"[20] Stattdessen hebt er Shakespeare hervor, „seine Sprache ist die Sprache des kühnsten Genius, der Erd und Himmel aufwühlt, Ausdruck zu den ihm zuströmenden Gedanken zu finden."[21] Dieser epische Gesichtspunkt hatte Brechts späteres Interesse an Autor und Stück geweckt. Es sind nicht nur die Polemik gegen Aristoteles und die Begeisterung für Shakespeare, die den Text auszeichnen, sondern es ist auch die Suche nach der eigenen Dramaturgie.

1775 *Meinungen eines Laien den Geistlichen zugeeignet. Stimmen des Laien auf dem letzten theologischen Reichstage im Jahre 1773.* Lenzens theologische Hauptschrift säkularisiert die geistliche Erziehung durch das Elternhaus. Untersucht wird das Verhältnis des Menschen zum Universum und zu seinen Mitmenschen; die Göttlichkeit des Menschen wird in der Qualität seines Verhaltens deutlich. Dabei werden Natur- und Völkerrecht als ewig unterstellt, das Moralsystem jedoch als an den Menschen in seiner jeweiligen historischen Situation gebunden: „Wir werden alle gut geboren; und das Bessere und Schlimmere unserer Handlungen und unseres Zustandes hängt lediglich von uns selber ab."[22]. Die Einflüsse Rousseaus, Kants, vor allem aber Herders prägen den Text.

1775

---

20 Jakob Michael Reinhold Lenz: *Anmerkungen übers Theater.* In: Lenz, Bd. 2, S. 654 f.
21 Lenz, Bd. 2, S. 670.
22 Ebd., S. 600.

1775 *Pandämonium Germanicum.* In der Literatursatire sieht sich Lenz gemeinsam mit Goethe auf dem „Berg", auf dem Klopstock bereits „steht". Es ist eine Art Olymp. Im Tale zurück bleiben die „Gaffer", Nachahmer und Journalisten. Als Ausweis für den „Berg" hat Lenz „seinen Hofmeister im Arm"[23].

1776

1776 *Die Soldaten* sind ebenfalls ein kritisches Gegenwartsdrama, in das eigene Erlebnisse mit den Baronen Kleist einflossen. Eine Bürgerfamilie geht durch den sittenlosen Umgang der Offiziere mit ihr zugrunde, ein bürgerliches Mädchen wird zerstört. Lenz wollte ein Reformator des Soldatenstandes sein und mit seinem Stück unmittelbar eingreifen. Die Offiziere, die ehelos bleiben mussten, sollten von bezahlten Konkubinen einer „Pflanzschule von Soldatenweibern"[24] begleitet werden, um ihre Triebe befriedigen zu können. Die Beziehung zwischen dem Major und Gustchen im *Hofmeister* entspricht der zwischen Wesener, einem Galanteriehändler in Lille, und seiner Tochter Marie.

1776 *Über die Veränderung des Theaters im Shakespeare.* Lenz las den Text in der Deutschen Gesellschaft in Straßburg vor. Ein Grundgedanke ist, dass dramatische Kunst immer politisch wirksam sein wollte und will. Im Chor der antiken Stücke konnte sich das Volk als Teilnehmer und Richter erkennen, Politiker konnten andererseits durch den Chor das Volk auf Entscheidungen vorbereiten. „Das Interesse ist der große Hauptzweck des Dichters, dem alle übrigen untergeordnet sein müssen ..."[25]

---

23 Ebd., Bd. 1, S. 253.
24 Ebd., S. 734.
25 Ebd., Bd. 2, S. 745.

2. Textanalyse und -interpretation

2.1 Entstehung und Quellen

Der Hofmeister entstand um 1770; im Oktober 1772 lag er in Manuskriptform vor, 1774 erschien das Stück in Leipzig. Brechts Bearbeitung entstand im Herbst 1949 und wurde 1950 inszeniert. Lenzens Stück galt vielen als Pendant zu Goethes *Götz von Berlichingen* und wurde historisch so vermittelt.

Erste Überlegungen, vielleicht Entwürfe oder eine erste Fassung entstanden in Lenz' Königsberger Studentenzeit (1768–71), dort war er selbst für kurze Zeit Hofmeister. Da in dieser Zeit seine Ablehnung des Hofmeisterstandes immer größer wurde, zog er sich bald zurück. Eines der auslösenden Elemente für das Stück war die Abneigung des Dichters gegen diese Tätigkeit. Ende 1771 in Straßburg, dann in der Nähe Sesenheims und schließlich in Landau schrieb er das Stück bis 1772 nieder. Das war insofern ein komplizierter Vorgang, als das aus Livland mitgebrachte Welt- und Kunstbild unter dem Einfluss der Straßburger Freundschaften umgebaut werden musste und nun vor allem zu Shakespeare führte. Am 28. 6. 1772 teilte Lenz seinem Freund Salzmann mit, sein Trauerspiel nähere sich „mit jedem Tage der Zeitigung"[26]. Salzmann schickte das Stück an Goethe, der es an den Verleger Weygand vermittelte.

> Ablehnung des Hofmeisterstandes

Es wurden tatsächliche Begebenheiten, Studentenerlebnisse und Mitteilungen aus dem Bekanntenkreise verarbeitet. So schickte Gotthilf August Francke, der Sohn und Nachfolger des Gründers der Franckeschen Stiftungen, 1756 einen Studenten aus Halle als Hauslehrer in das Pfarrhaus Lenz. Der junge Theologe musste sich im Hause des Pfarrers Lenz mit den Mägden die Schlafkammer teilen und schuf so für den jungen Jakob eine erste Erfahrung sexueller

---

26   Ebd., Bd. 1, S. 708.

Beziehungen.[27] Auch die Selbstentmannung (Kastration) ging auf eine literarische Vorlage[28] zurück, deren Verfasser, der Pastor August Wilhelm Hupel (1739–1819)[29], wohl dem Wenzeslaus Züge gab.[30] Noch 1789 erinnerte sich Lenz an den „verdienstvollen Herrn Topografen Hupel"[31], in dessen sprachvergleichenden Untersuchungen er gern Studien zur „Emblematischen Sprache des alten Phrygischen Götzendienstes" veröffentlicht hätte. Verführungsgeschichten wie die geschilderte waren häufig; Lenz konnte sie sogar in der eigenen Familie finden. Seine Großmutter mütterlicherseits war ein Fräulein Marie von Rahden, das den Hofmeister und späteren Pfarrer Neoknapp heiratete. Es gab aber auch einen solchen Vorfall in der mit der Familie Lenz bekannten Familie von Berg, deren Namen Lenz nicht änderte. Auch das dürfte ein Grund dafür gewesen sein, dass das Stück in der Familie des Dichters größte Ablehnung auslöste und man es ihm selbst in späterer Zeit nicht verzieh. – Die Handschrift blieb erhalten (Staatsbibliothek Preußischer Kulturbesitz Berlin); sie ist textlich umfangreicher und drastischer, die Druckfassung wurde gestrafft.[32] Die Namen waren ursprünglich lebenden Personen gegeben worden, in der Druckfassung blieben

Druckfassung

nur die Namen von Berg, Pätus und Bollwerk erhalten. Ein Beispiel soll den Unterschied demonstrieren: In der Druckfassung sagt der Major (1. Akt, 4. Szene): „Meine Frau macht mir bitte Tage genug: sie will alleweil herrschen und weil sie

---

27 Mitteilung des Interdisziplinären Zentrums für Pietismusforschung der Martin-Luther-Universität Halle, vorgetragen auch in einer szenischen Lesung 1999.

28 August Wilhelm Hupel: *Vom Zweck der Ehen, ein Versuch, die Heurath der Castraten und die Trennung unglücklicher Ehen zu verteidigen.* Riga: Hartknoch, 1771.

29 Hupel, in Buttelstedt bei Weimar geboren, studierte in Jena und Weimar Theologie und ging dann als Pastor nach Livland. Hupels Denken hatte nicht nur einen ausgeprägt sozialen Hintergrund, sondern es beschäftigte sich auch mit der Lage der ärmsten Schichten und da besonders mit den Soldaten. Lenz' umfangreiches Interesse für diesen Stand, den er unbedingt reformieren wollte, dürfte aus diesem Umfeld entstanden und durch seine Straßburger Erlebnisse mit den beiden Offizieren von Kleist bestätigt worden sein.

30 Lenz, Bd. 1, S. 709.
    Vgl. Thomas Schnaak: *Zum Bildungsgang des jungen Lenz.* In: Kaufmann, S. 13.

31 Lenz, Bd. 3, S. 664.

32 Vgl. dazu: J. M. R. Lenz: *Werke und Schriften,* hrsg. von Britta Titel und Hellmut Haug. Stuttgart: Goverts, 1966–67, 2. Band: Text der handschriftlichen *Hofmeister*-Fassung.

mehr List und Verstand hat, als ich." Die gleiche Stelle in der Handschrift lautet: „ ... meine Frau macht mir bittere Tage genug denn sie will immer herrschen, immer herrschen und weil sie mehr List und Verstand hat als ich so treibt sie's oft verteufelt weit wenn ich nicht von Zeit zu Zeit das Rauhe auskehre und mit einem Trumpf ihr drein fahre."[33] Der Druckfassung fielen auch ausgesprochen sarkastische Sätze zum Opfer: Die Liebesszene zwischen Läuffer und Gustchen (2. Akt, 5. Szene) endet mit einer schnellen Trennung, da man den Vater kommen hört (S. 35, 19 ff.). In der handschriftlichen Fassung küsst Läuffer Gustchen zum Abschied und verabschiedet sich: „Du musst deinen Mund ein wenig schwängen, Gustchen, du fängst wieder an erschrecklich zu riechen."[34]

Goethe hatte seine erste Fassung des *Götz von Berlichingen* den Straßburger Freunden zugänglich gemacht und sie stand deutlich

> *Götz von Berlichingen* stand deutlich für Lenz' Stück Pate

für Lenz' Stück Pate. Lenz bezeichnete sein Stück zu dieser Zeit noch als „Trauerspiel". 1774 bestimmte Lenz in den *Anmerkungen übers Theater* die Komödie als Behandlung einer Sache, „eine(r) Missheirat, ein(es) Findling(s), irgend eine(r) Grille eines seltsamen Kopfs ... wir verlangen hier nicht die *ganze* Person zu kennen"[35]. Dafür bot der *Hofmeister* ein treffendes Beispiel. In der Handschrift verwendete Lenz beide Gattungsbezeichnungen nebeneinander: „Lust- und Trauerspiel", strich aber die Bezeichnung später durch. Es blieb die Bezeichnung „Komödie" übrig. Dabei muss der Leser sich damit abfinden, dass statt heiterer Situationskomik Grausiges geschieht, statt lustspielhafter Verwechslung groteske Verzerrungen stattfinden und so der traditionelle Begriff der Komödie in Frage gestellt wird.

Als der *Hofmeister* erschien, glaubten viele Leser, auch Freunde von Goethe und Lenz wie Klopstock, das Stück wäre von Goethe. Gleim, der mit den meisten Dichtern befreundet war, teilte mit, das Stück habe „Goethen nicht zum Vater"[36].

---

33 Lenz, Bd. 1, S. 711.
34 Ebd., S. 714.
35 Lenz, Bd. 2, S. 66.
36 Bode, Bd. 1, S. 58.

Mit Sexualität und damit auch mit dem Thema der Kastration hat sich Lenz lebenslang beschäftigt. Der Kirchenvater Origines, der sich wie Läuffer selbst kastrierte, und Abälard, der kastriert wurde, werden im *Hofmeister* genannt. Diese Beschäftigung hatte ihre Vorgeschichte. Ein Freund der Familie, der Pastor Hupel, hatte seine Auffassung nachdrücklich verkündet, „Hupel trat unter Berufung auf Matth. 19, 10–12, für Selbstkastration ein."[37]

---

37 Hohoff, S. 13.

2.2 Inhaltsangabe

In kurzer Form stellt Hettner die Fabel dar: „Der Hofmeister verführt seine Schülerin, entmannt sich aus Reue und heiratet gleichwohl ein derbes Bauernmädchen; die Verführte aber wird von ihrem Jugendverlobten heimgeführt. Die ausdrücklich ausgesprochene moralische Nutzanwendung ist eine doppelte; erstens, dass die Privaterziehung mehr Gefahren in sich berge als die öffentliche, und zweitens, dass ein starker Geist auch über Dinge hinwegkomme, von denen später Hebbel in seiner *Maria Magdalena* behauptete, dass kein Mann über sie hinwegkommen könne."[38] Vollkommener kann man das Stück nicht missverstehen, als es Hettner tat. – Folgt man dem sensationell anmutenden Kern der Handlung, ist die Fabel in wenigen Sätzen skizziert: Ein Hofmeister schwängert seine Schülerin aus Langeweile, kastriert sich und heiratet ein unkompliziertes Bauernmädchen, das keine Kinder braucht, da es bereits Enten und Hühner hat. Die vor dem Selbstmord gerettete Schülerin findet zu ihrer Jugendliebe, die wiederum das Kind gleich mitbekommt. Dieses Gerüst trägt aber das satirische Abbild eines Zeitausschnitts der feudalen Gesellschaft des 18. Jahrhunderts; deshalb muss die Handlung ausführlicher dargestellt werden.

1. Akt

Die Handlung beginnt im ostpreußischen Insterburg. Der Kandidat der Theologie Läuffer, zurückgekehrt aus Leipzig, sucht eine Anstellung und erhält eine Hofmeisterstelle im Hause des Majors von Berg, eines anfangs unbeschäftigten Gutsbesitzers, dessen Sohn Leopold er „in allen Wissenschaften und Artigkeiten und Weltmanieren" (S. 6, 8 f.) unterrichten soll. Leopold soll Soldat werden. Der Bruder des Majors, der Geheime Rat von Berg, hat Läuffer für

> Läuffer erhält eine Hofmeisterstelle im Hause des Majors von Berg

---

38 Hettner, Bd. 2, S. 187.

die Stadtschule – an Stadtschulen konnten Kandidaten der Theologie ab der Tertia als Lehrer unterrichten – abgelehnt. Der Sohn Fritz des Geheimrats besucht die Stadtschule. Dass er sich dort mit bürgerlichen Mitschülern („Hollunken", S. 6, 35) abgibt, missfällt dem Major, spricht aber für die Bürgerlichkeit seines adligen Bruders. (Später erfährt man, dass einer dieser Spielkameraden, Pätus, für Fritz eine entscheidende Rolle spielt.) – Die Frau Major empfängt Läuffer und prüft seine Fähigkeiten in Tanz, Musik und Französisch. Mit dem Hausfreund Graf Wermuth – den sie als Mann für Tochter Gustchen vorgesehen hat – schwätzt sie über Tanz und Theater. Läuffer, der seine Erfahrungen einbringen möchte, muss sich belehren lassen, als „Domestik" (S. 9, 11) nicht mitsprechen zu dürfen. – Der Schüler Leopold erweist sich als faul, unwissend und dumm. Vom Hausherrn wird Läuffers ohnehin schlechte Bezahlung weiter gedrückt, die von 300 Dukaten auf 150, dann auf 140 gesenkt wird, umgerechnet auf 420 Taler, die dann auf 400 gerundet werden, dafür soll er der etwa vierzehnjährigen Tochter Gustchen zusätzlich Christenlehre und Zeichnen geben, sie allerdings sehr vorsichtig behandeln, denn sie ist des Majors „Herzens einziger Trost" (S. 12 f.). Wer ihr zu nahe komme, sei des Todes. Damit ist die erste tragische Entwicklung eingeleitet. – Gustchen ist in ihren Vetter Fritz von Berg verliebt. Sie möchte wie Juliette (Julia) sein und verabredet mit Fritz von Berg, sich nach der bevorstehenden Trennung wie das klassische Paar Romeo („ich werd in allen Stücken Romeo sein", S. 14, 4 f.) und Julia treu zu bleiben: Die Familie des Majors von Berg zieht zeitweise nach Heidelbrunn und Fritz soll zum Studium nach Halle gehen. Der Geheimrat von Berg hat alles belauscht und belehrt sie, dass ihr Eid wirkungslos sei, weil literarisch von der „ausschweifenden Einbildungskraft eines hungrigen Poeten" (S. 17, 14 f.) angeregt. Sie hätten statt der Wirklichkeit Romane als Orientierung genommen. In Zukunft sollen sie sich nie mehr ohne Zeugen sehen. Wenn Gustchen also einen Mann ohne Zeugen trifft und dazu noch ein Romanmodell vorhanden ist, besteht Gefahr: Die zweite tragische Entwicklung beginnt. Da Berg Fritz' Schwüre für unvernünftig hält, kündigt er an, ihn ein Jahr länger auf der Schule zu lassen und damit ein Jahr später zum Studium zu schicken (S. 16, 13 ff.). Beide müssen sich unter seinen Augen verabschieden. –

2. Akt

Zwei Jahre sind inzwischen in Insterburg vergangen. Der Lohn Läuffers ist im zweiten Jahr auf 100 Dukaten gedrückt worden, die Arbeit umfangreicher geworden. Er hat an seinen Vater einen verzweifelten Brief aus Heidelbrunn geschrieben, denn nun soll der Lohn im dritten Jahr auf 60 Dukaten sinken. Der Geheimrat polemisiert gegenüber dem Pastor Läuffer, Vater des Hofmeisters, gegen den Beruf des Hofmeisters („Sklav ist er", S. 20, 33) und fordert den Pastor auf, den Sohn statt des „Tagdieben" (S. 19, 29) etwas Ordentliches lernen zu lassen. Berg lehnt Hofmeister generell ab, „das Geschmeiß taugt den Teufel zu nichts" (S. 22, 18). Pastor Läuffer bittet den Geheimrat, seinen zweiten Sohn[39] Karl miterziehen zu lassen, um das Gehalt des Hofmeisters Läuffer aufzubessern. Der lehnt ab, will aber dem Hofmeister 30 Dukaten schenken. – Auf dem Landgut Heidelbrunn quält sich Läuffer inzwischen mit Gustchen, weil diese ihn zu übersehen scheint; aber es klingt eine entstehende intimere Beziehung an (Läuffer: „Sie foltern mich.", S. 26, 35; Gustchen: „Wie dauert er mich!" S. 26, 36). – Fritz sehnt sich in Halle (Saale), wo er tatsächlich erst seit einem Jahr studiert – der Vater hat seine Drohung auf längere Schulzeit wahr gemacht –, nach Nachrichten von Gustchen. Sein Studienfreund Pätus, Schulkamerad und Freund aus Kindertagen, will ihn mit Mädchen zusammenführen, damit er auf andere Gedanken kommt. Auch soll er zu ihm ziehen, zumal er eine derb-freundli-

> Berg lehnt Hofmeister generell ab

---

39   Der Major von Berg spricht vom „einzigen Sohn" seines Bruders (S. 7, 2 f.), Pfarrer Läuffer vom „zweiten Sohn" (S. 24, 23), der Geheimrat selbst benennt ihn „Karl" (S. 25, 26). Es liegt ein Irrtum Lenz' vor.

che Wirtin hat. Pätus will am Abend in die Aufführung von Lessings *Minna von Barnhelm* im Wolfspelz gehen, da er seinen Anzug im Leihhaus hat. Inzwischen ist Bollwerk gekommen und nimmt Fritz in die Komödie mit. Pätus läuft im Wolfspelz hinterher und wird von Hunden verfolgt; zwei Mädchen belustigen sich über das Geschehen. – Läuffer soll nur noch 40 Dukaten erhalten. Er hat inzwischen mit Gustchen ein Verhältnis, das sie nach lite-

Läuffer hat mit Gustchen ein Verhältnis

rarischem Modell lebt; ihm gibt Gustchen, was er sonst in Königsberger Bordellen ge-
sucht hätte. Dorthin aber darf er nicht reiten (S. 25, 7 ff.). Gustchen fühlt sich krank (Schwangerschaft!) und spielt/liebt wie Romeo und Julia: An die Stelle von Fritz, dem sie die Rolle Romeos einst gewidmet hatte, tritt nun Läuffer, der das berühmte Werk Shakespeares nicht zu kennen scheint. Aber er erinnert sie an ein anderes Paar: Abälard und Heloise, zu dem Gustchen eine freundliche Variante, die *Neue Heloise*, den Roman Rousseaus, einbringt. – Die Majorin und Graf Wermuth langweilen sich im feudalen Wohlleben, der von Wermuth mit Gustchen geplante Spaziergang findet nicht statt, da es Gustchen schlecht geht. Der Major schuftet auf dem Acker, um seiner Tochter „einen Platz im Hospital" (S. 37, 22) zu verschaffen: Er hält sie für krank. Seiner Frau gibt er mit ihrer Strenge und ihren Grausamkeiten die Schuld daran, aber tatsächlich ist Gustchens „Krankheit" ihre Schwangerschaft. – Fritz von Berg hat in Halle für Pätus gebürgt und ist, weil dieser nicht zahlen konnte, im Gefängnis gelandet. Trotzdem steht Fritz zu dem Freund. Am Studenten von Seiffenblase wird wieder die Verbildung durch einen Hofmeister deutlich, der sich als kalter Rationalist erweist. Als Pätus ohne Geld von seinem Vater, der ihn nicht einmal empfangen hat, zurückkommt, will er Selbstmord begehen, wozu ihm Seiffenblase seinen Degen gibt. Der Freund Bollwerk, der daraufhin Seiffenblase zum Duell auffordert, verhilft Pätus zur Flucht. Fritz bleibt zurück.

3. Akt

Major von Berg beklagt den Zustand seiner Tochter, die alle Lieblichkeit verloren habe. Als die Majorin ihm das Verhältnis zwischen Tochter und Hofmeister mitteilt und anschließend in Ohnmacht fällt, wird er vor Wut fast wahnsinnig. Der Geheimrat bietet sich an, den Vorgang zu klären. – Läuffer, der sich Mandel nennt, flieht vom Schloss und sucht bei dem Schulmeister Wenzeslaus in der Schule von Heidelbrunn Unterschlupf. Als Graf Wermuth bis in die Kammer des Schulmeister vordringen will, verwehrt Wenzeslaus unbeeindruckt den Zutritt, weist Wermuth in die Schranken und zur Tür hinaus. Wenzeslaus ist ein selbstbewusster Mensch und Lehrer, wenn er auch didaktisch und sozial schrullige Ansichten vertritt: Das Geradeschreiben sei die Voraussetzung für Geradedenken, Wassertrinken sei bei Gemütsbewegungen ungesund und führe zu innerlichen Tumulten, ohne Haus oder Herd müsse sich ein Mann von einem Mädchen fernhalten. Deshalb lebt auch er ohne Magd und Frau. Gustchen flieht ebenfalls und hinterlässt keine Spur. – Herr von Seiffenblase und sein Hofmeister erstatten dem Geheimrat einen manipulierten Bericht über Fritz, seine Haft und die Bürgschaft für Pätus. Sie suggerieren, Fritz gehöre einer Räuberbande an, die Studenten ihr Vermögen nehme. Für den Geheimrat ist dies die Strafe für „die Ausschweifungen" (S. 50, 12) seiner Jugend. – Wenzeslaus kann mit gutem Gewissen sein karges, aber sinnvolles Leben führen und stellt das Läuffer dar. Der sieht sich als Sklave und wünscht „güldene Freiheit"

> Läuffer sieht sich als Sklave

(S. 51, 6). Wenzeslaus erklärt ihm, dass es eine absolute Freiheit nicht gebe, sondern Freiheit immer abhängig sei von der übernommenen Aufgabe und dem Gewissen. Innerhalb dieser Grenzen habe man seine Freiheit: Er lehre seine Schüler nicht nur lesen, sondern „mit Vernunft lesen" (S. 52, 27). Er versucht, Läuffer nicht nur für das Rauchen, sondern auch als Nachfolger zu gewinnen. Allerdings müsste Läuffer dazu noch viel lernen.

4. Akt

Major von Berg, der von seiner Tochter ein Jahr lang nichts gehört hat, will in seiner grenzenlosen Enttäuschung Insterburg verlassen und im russisch-türkischen Krieg (1768–1774) sterben. Der Geheimrat von Berg erhält einen Brief, der ihn in eine ähnliche Situation stürzt: Fritz ist geflohen und die Schuldner fahnden nach ihm.

Major von Berg sieht die Familie ruiniert: des Bruders Sohn ein „Spitzbube", die eigene Tochter eine „Gassenhure". –

Gustchen hat Unterschlupf im Walde bei der blinden Bettlerin Marthe gefunden und dort ihr Kind zur Welt gebracht (zu den Zeitverhältnissen vgl. S. 39 f. dieser Erläuterung). Sie will, das Kind in der Obhut der Bettlerin lassend, ins nächste Dorf, um ihren Vater Major von Berg, von dem sie geträumt hat, zu benachrichtigen, dass sie noch am Leben ist. – Major von Berg findet Läuffer, der seit einem Jahr bei Wenzeslaus als Aushilfslehrer arbeitet, und schießt auf ihn. Da Läuffer nichts von Gustchen weiß, verschwindet der Major wieder. Während Wenzeslaus Hilfe beim Dorfbarbier holt, bekommt Läuffer vom Geheimrat Geld und einen Scheck. – Gustchen ist es nicht gelungen, den Vater zu benachrichtigen. Verzweifelt stürzt sie sich in einen Teich, wird aber von ihrem Vater gerettet, Graf Wermuth kann nicht schwimmen. Der Major verzeiht Gustchen. – Fritz ist mit Pätus nach Leipzig[40] gegangen, um den Verfolgern zu entgehen. Er erklärt Pätus' verzweifelte Lage aus dessen amourösen Abenteuern, zu denen das mit der unbescholtenen Jungfer Rehaar, der Tochter eines Lautenlehrers, gekommen ist, bei der Pätus in der vergangenen Nacht eingestiegen ist. Der servile, charakterlose, feige und unterwürfige Rehaar begehrt gegen Pätus auf: Er habe seine Tochter nach Kurland geschickt und wer bezahle nun die Reise? Pätus ohrfeigt ihn. Fritz fordert, Pätus solle sich öffentlich entschuldigen. Als der ablehnt, fordert Fritz in Rehaars Namen Genugtuung im Duell.

---

40 Zwischen Halle und Leipzig verlief die Grenze zwischen dem Kürfürstentum Sachsen und Preußen.

5. Akt

Die blinde Marthe findet mit Gustchens Kind zur Schule Läuffers, da Gustchen nicht wiedergekommen ist. Wieder ist längere Zeit vergangen, denn das Kind isst inzwischen „Kohl und Rüben" (S. 70, 24). Läuffer erkennt sein Kind. – Pätus und Fritz brechen ihr Duell ab, da ihre Freundschaft stärker ist. Rehaar greift den unbewaffneten Pätus an und zeigt so seinen Charakter. Dennoch entschuldigt sich Pätus bei ihm und bittet um die Hand seiner Tochter. – Läuffer hat sich kastriert, Wenzeslaus lobt ihn dafür. Während Wenzeslaus glaubt, die Tat wäre religiös motiviert, ist es tatsächlich „Reue (und) Verzweiflung" (S. 74, 29). – Seiffenblase und Rehaars Tochter Kathrin haben sich in Königsberg getroffen, berichtet Rehaar Fritz von Berg. Der bittet ihn, Pätus nichts davon zu erzählen. In Königsberg brüstet sich Seiffenblase im Kaffeehaus, er würde die Jungfer Rehaar zu seiner Mätresse machen. Er wird aber von der Tante der Jungfer – der Geheimrat hat sie mittlerweile gewarnt – abgewiesen. – In Leipzig erhält Fritz einen Brief Seiffenblases, der die Ereignisse in Heidelbrunn manipuliert: Läuffer habe Gustchen vergewaltigt („genotzüchtigt", S. 77, 32) und diese habe sich ertränkt. Fritz sieht die Schuld bei sich: Er sei nach drei Jahren nicht heimgekehrt, sondern vielmehr ohne Wissen des Vaters nach Leipzig gezogen. Pätus glaubt die Nachrichten nicht. Die Freunde beschließen heimzureisen; nur haben sie kein Geld. Ein Lotteriegewinn schafft die Möglichkeit. – Gustchen und Jungfer Rehaar sind inzwischen Freundinnen geworden. Major von Berg beschließt, Jungfer Rehaar mit nach Insterburg zu nehmen, um sie von Seiffenblase zu befreien. Als Fritz von Berg erwähnt und Gustchen rot wird, warnt der Geheimrat: „Er verdient's nicht." (S. 81, 7 f.). – Wenzeslaus hat eine Predigt gehalten, die auf Läuffer zielte und der „Ertötung der Sinnlichkeit" (S. 83, 14) galt, durch die man den Geist auf den Himmel vorbereitet. Läuffer aber hat während der Predigt seine Aufmerksamkeit einem schönen Mädchen geschenkt. Lise, so

> Läuffer hat sich kastriert

heißt es, kommt auch bald zu Läuffer, der von ihrer Schönheit über-
wältigt wird, sie küsst und beschließt, sie zu heiraten. Trotz
Wenzeslaus' Warnung, Läuffer sei zeugungsunfähig, stimmt Lise zu.
Auch will sie keine Kinder haben, hat sie doch „Enten und Hühner
genug" (S. 89, 22). – Fritz und Pätus treffen in Insterburg ein: Der
Geheimrat vergibt Fritz, Seiffenblases Lügen zerplatzen. Pätus trifft
auf Jungfer Rehaar, Fritz auf Gustchen. – Auf der Suche nach
Gustchens Kind hat man die Bettlerin Marthe gefunden, die in Wahrheit Pätus' Großmutter ist. Sie wurde von Pätus' Vater verstoßen,
nachdem sie ihr Vermögen ihm überschrieben hatte. Nun verzeiht
sie dem alten Pätus seine „verfluchte(n) Verbrechen" (S. 93, 17), die er
wieder gutmachen will. Fritz nimmt auch Läuffers Kind an, beschließt aber, es nie von Hofmeistern erziehen zu lassen. So gibt es

glückliche Lösungen schließlich nur glückliche Lösungen: Ver-
söhnungen der Väter mit ihren Söhnen
(Geheimrat – Fritz, Vater Pätus – Pätus), glückliche Paare (Fritz –
Gustchen, Pätus – Jungfer Rehaar), glückliche Väter, Schwieger- und
Großväter (Major, Geheimrat, Pätus) und – so ist zu erinnern – einen
glücklichen Läuffer mit Lise, die Wenzeslaus' Zustimmung erfahren.

2.3   Aufbau

Als Zeichen der neuen dramatischen Konzeption wurden die aristotelischen drei Einheiten (Ort, Zeit, Handlung) nicht mehr eingehalten. Dem **Vorbild Shakespeares** folgend wurden die Szenen scheinbar willkürlich angeordnet, über große Zeiträume gedehnt und an verschiedenen Orten angesiedelt, ohne dass die Wechsel dramaturgisch begründet worden wären. Die Akteinteilung ist nicht zwingend von der Handlung abgeleitet, sondern erscheint zufällig. Tatsächlich ist sie von Orten und Zeiten abhängig: So liegen zwischen dem 1. und dem 2. Akt zwei Jahre. Es entsteht eine offene Form des Dramas [atektonisches Drama

offene Form des Dramas

im Gegensatz zum tektonischen (geschlossenen) Drama], wie sie auch Goethe im *Götz von Berlichungen* verwandte. Organisiert wird die scheinbare Zufälligkeit der Handlung durch zwei alternierende Vorgänge:

1. Es wechseln dramatische Szenen mit Exkursen, handlungsintensive Szenen mit argumentativ angereicherten Gesprächen: Der monologisch angelegten Selbstdarstellung (1.1.) folgt das Gespräch über den Nutzen der Hofmeister (1.2.), dem szenischen Geschwätz über Kunsterlebnisse (1.3.) die ausführliche Aufgabenstellung für den Hofmeister (1.4.), der Liebeszene zwischen Fritz und Gustchen (1.5.) die moralische Belehrung (1.6.), der ausführlichen Erörterung über den Beruf des Hofmeisters und die öffentliche Schule (2.1.) die erste erotisch aufgeladene Szene zwischen Läuffer und Gustchen (2.2.), der Studentenszene (2.3. und 2.4.) die Liebeszene zwischen Läuffer und Gustchen samt ersten Folgen (2.5. und 2.6.) usw.

2. Dieser Wechsel zwischen Spiel und Diskurs, szenischem Geschehen und argumentativ angelegtem Gespräch wird begleitet von dem Wechsel zwischen individuellem und sozial-gesellschatli-

chem Konflikt, die sich beide aus dem Thema „Bildung und Erziehung" ergeben: Läuffers trostlose Situation einerseits (1.1.) und die Bildungsmisere andererseits (1.2.), Läuffers Herabsetzung durch die Majorin (1.3.) und seine Überforderung als „Lehrer" (1.4.) usw.

Aus dieser Organisation der Handlung folgt ein dramaturgisch interessanter Lösungsvorgang:

1. Die organisierende Bedeutung der Wechsel für das Stück wird schließlich am Ende bestätigt. Die zwei Handlungen lösen sich voneinander und werden getrennt abgeschlossen. Die Läuffer-Handlung, also der individuelle Konflikt, wird in den Szenen 5.9. und 5.10. beendet und macht Läuffer trotz oder wegen Kastration zum „glücklichste(n) Mensch(en) auf dem Erdboden" (S. 90, 4 f.). Der sozial-gesellschaftliche Konflikt (Bildungsmisere, Ständeschranken, Sittenverfall u. a.) wird durch einen überraschenden Geldsegen (Lottogewinn) mit einer allgemeinen Versöhnung und mehrfachen Eheschließung aufgehoben und führt ebenfalls dazu, einander „glücklich damit (mit Geld, R. B.) zu machen" (S. 95, 27).
2. Die sozialen Konflikte sind mit den herkömmlichen Möglichkeiten nicht zu lösen; nur eine grundsätzliche Veränderung der Verhältnisse und Wertsysteme ließe ein uneheliches Kind, Ausnutzung von Abhängigkeitsverhältnissen, Gefängnisaufenthalte, Betrug (der alte Pätus an seiner Mutter) usw. in anderem Lichte erscheinen. In vergleichbaren ausweglosen und unlösbaren Situationen setzte die antike Dramatik den Deus ex Machina (Gott aus der Maschine) ein: Ein Gott wurde mit Hilfe einer Maschine von oben in die Szene herabgelassen und löste die Konflikte. Seither verwendet man den Begriff für alle plötzlichen und unwahrscheinlich erscheinenden Vorgänge, die Unlösbares mindestens auf der Bühne lösbar machen. Lenz setzt einen solchen Deus ex Machina ein: den Lottogewinn, ohne den die Handlung nicht weiterginge. Pätus erinnert an die dramaturgische Bedeutung, wenn er ausruft:

„Gott! Gott! *(Greift sich an den Kopf und fällt auf die Knie.)* Schicksal! Schicksal!" (S. 81, 23 ff.) Die satirische Umwertung, die Lenz vornimmt, wird darin deutlich, dass aus dem antiken Gott das moderne Geld wird.

Die Handlungszeit wird nicht mehr von der aristotelischen Dreieinheit Ort, Zeit und Handlung bestimmt, in der die Handlungszeit von Sonnenauf- bis Sonnenuntergang dauert, sondern von den inneren Abläufen wie Studium, Schwangerschaft usw. Die Handlungszeit ist Lenz' unmittelbare Gegenwart nach 1766. Zwischen dem 1. und 2. Akt vergehen zwei Jahre. Der 2. Akt spielt um 1768, denn seit diesem Jahr hatte die Döbbelin'sche Gesellschaft Lessings *Minna von Barnhelm* im Repertoire (S. 32, 13), die das große Theaterereignis 1768 wurde. Der 3. Akt beginnt einige Monate nach den ersten Anzeichen der Schwangerschaft Gustchens (2. Akt, 5. Szene); die Schwangerschaft ist fortgeschritten: „Ihre Gesundheit ist hin, ihre Munterkeit, ihre Lieblichkeit" (S. 43, 17 f.). Der 4. Akt beginnt ein Jahr (S. 56, 20) nach dem 3. Akt, der Flucht Läuffers und Gustchens, und spielt zu Beginn des russisch-türkischen Krieges (1768–1774). Der 5. Akt spielt vier Jahre nach dem 1. Akt (S. 78, 15 ff.). – Die Zeitverhältnisse geraten allerdings im 4. und 5. Akt durcheinander: Im 4. Akt, 2. Szene will Gutschen erstmals seit einem Jahr die Bettlerin Marthe verlassen (S. 57, 26); es ist der zweite Tag nach der Geburt (S. 58, 1 ff.). Marthe erzählt es so Läuffer (S. 70, 10 ff.). So wäre Gustchen entweder mehr als ein Jahr schwanger gewesen oder Läuffer hätte das Kind nach ihrer Flucht und Trennung gezeugt oder nicht Läuffer, sondern ein anderer ist der Vater[41] und Gustchens Schwangerschaftszeichen (2. Akt, 5. Szene; 3. Akt, 1. Szene) waren falsch. Eine ähnliche zeitliche Verwirrung tritt

Handlungszeit

---

41 Es gibt Untersuchungen, die mit schwachen Indizien Pätus oder von Seiffenblase als Vater in Anspruch zu nehmen versuchen (vgl. Voit, S. 44 mit entsprechenden weiterführenden Angaben); dabei bleibt unberücksichtigt, dass der Konflikt nur aus der sexuellen Beziehung zwischen Gustchen und Läuffer entstehen kann. Es spricht dafür, dass Lenz großzügig mit Zeitangaben und nachvollziehbaren Details umgegangen ist, nicht nur bei Gustchens Schwangerschaft, sondern auch bei der Zahl der Kinder des Geheimrat von Berg u. a.

zu Beginn des 5. Aktes ein: Einerseits setzt sich die Szene (das beabsichtigte Duell) zwischen Fritz und Pätus unmittelbar fort (5.2.), andererseits wird Gustchens Kind, was im 4. Akt zwei Tage war (S. 58, 1), im 5. Akt mit „Kohl und Rüben" (S. 70, 24) gefüttert und ist dadurch „rund" und „aufgefüttert" geworden, ein Zustand, der wohl nicht vor dem zweiten Lebensjahr eintritt.

Zeitverhältnisse im Drama

Die Betrachtung der Zeitverhältnisse im Drama führt zu einer besonderen Struktur: Wie es in späterer Zeit dem Film möglich ist, ordnet es die **Szenen innerhalb der Akte simultan** an. Während der Akt die Zeit vorgibt, verlaufen die Szenen nicht nach-, sondern oft nebeneinander: Während Läuffer seine Lage beschreibt (1.1.), sprechen der Geheimrat und der Major schon miteinander (1.2.), während dieses Gespräch zu Ende geht, ist Läuffer bereits bei der Majorin eingetroffen (1.3.) usw. Nur selten folgen die Szenen deutlich zeitlich aufeinander (1.5. und 1.6.). Der 2. Akt spielt zwei Jahre später, die Szenen 2.1., 2.2. und 2.3. spielen sich simultan ab, unterschieden dabei durch die Ortsangabe. Die Szene 2.4. folgt zeitlich der Szene 2.3., trennt aber auch die erste Gruppe von einer zweiten, die wiederum simultan verläuft (2.5. bis 2.7.). Nicht zu übersehen sind die simultanen Lösungen am Ende des Stückes. Pätus und Fritz brechen nach einem Lottogewinn (Deus ex Machina) aus Leipzig nach Ostpreußen auf (5.8.). Sie eilen nach Insterburg. Läuffer ist zur gleichen Zeit in der Schule von Heidelbrunn. So gehören die Szenen 5.9.–10. zur Lösung des Konfliktes Läuffers, parallel dazu ereignen sich in den Szenen 5.11.–12. die Lösungen der Konflikte der anderen Beteiligten. Vereinigt werden beide Lösungsvorgänge durch das Wort „glücklich", denn alle wollen alle zu „glücklichen" Menschen machen und werden „glücklich" (vgl. S. 90, 4; S. 91, 33; S. 93, 4; S. 94, 30; S. 95, 4; S. 95, 27).

Noch Dramentheoretiker des 20. Jahrhunderts standen dieser dramaturgischen Modernität ratlos gegenüber. Zwar bescheinigte man der Sturm-und-Drang-Dramatik, Fesseln und Grenzen gesprengt, aber die Grenze „des Unanständigen, ja des Widerlichen und Unmöglichen" erreicht und deshalb „keine Nachfolge und keine unmittelbare Wirkung mehr" gehabt zu haben: „In aufgeregten Zeiten hat man Dramen von Lenz, Klinger und dem Maler Müller immer wieder auf die Bühne gebracht und zeitweilig umjubelt; aber sie haben ihren Platz nicht behalten können, weil sie eine ekstatische Lyrik oder eine aufgepeitschte Mimik mit echter dramatischer Erregung verwechselten"[42].

Lessing: *Laokoon* Wieland: *Agathon* Möser: *Dt. Nationalgeist*	Gerstenberg: *Ugolino* Wieland: *Musarion* Lessing: *Briefe antiquarischen Inhalts* Klopstock: *Mein Vaterland*		Klopstocks Bardiet: *Hermanns Schlacht* Gellert: *Schriften* Herder: *Kritische Wälder*	*Göttinger Musenalmanach* Wandsbecker Bote (Claudius)
Lenz ist 15 Jahre, erste Gedichte	Lenz studiert in Königsberg	Beginn des russ. türkischen Krieges 1768/69	Lenz bittet seinen Vater um größere Unterstützung	Kant: Professor, Lenz beginnt den *Hofmeister*
simultan alle Szenen in Insterburg	simultane Szenen in Insterburg, Heidelbrunn und Halle	simultan alle Szenen in Heidelbrunn	simultan in Insterburg, bei Heidelbrunn, in Leipzig	simultan in Heidelbrunn, Leipzig, Königsberg, Insterburg
1766	1768[43]	1768	1769[44]	1770[45]
1. Akt	2. Akt	3. Akt	4. Akt	5. Akt

Die Zeitschiene der Handlung

---

42 Robert Petsch: *Wesen und Formen des Dramas.* Allgemeine Dramaturgie. Halle (Saale): Max Niemeyer Verlag, 1945, S. 318 (Deutsche Vierteljahrsschrift für Literaturwissenschaft und Geistesgeschichte, Buchreihe 29. Bd.).

43 Datierung ergibt sich aus der Aufführung von Lessings *Minna von Barnhelm* auf der Gastspielreise der Döbbelin'schen Gesellschaft.

44 Datierung ergibt sich aus dem russisch-türkischen Krieg von 1768 bis 1774. Die Kriegsnachricht ist erst gekommen („Die Russen sollen Krieg mit den Türken haben", S. 55, 6 f.): Im Frühjahr 1769 zog die türkische Armee gegen die russische Grenze und wurde am Dnjestr geschlagen. Ein langer, für die Türkei vernichtender Feldzug begann. Seit dem 3. Akt ist ein Jahr vergangen, wie mehrfach mitgeteilt wird (u. a. S. 59, 27).

45 Die Jahreszahl ergibt sich aus Fritz' Feststellung, seit seinem Versprechen, nach drei Jahren wiederzukommen, und seiner Trennung von Gustchen (S. 15, 13; S. 17, 32) seien „drei Jahre ... verflossen" (S. 78, 15) und danach habe er in Halle studiert.

Wie die Zeit wechselt bei Lenz auch der **Ort**: Insterburg in Ostpreußen (1. Akt); Insterburg, Heidelbrunn (gleich weit von Insterburg
und Königsberg in Ostpreußen entfernt), Halle in Sachsen (2. Akt);
Heidelbrunn (3. Akt); Insterburg, Heidelbrunn und Umgebung,
Leipzig (4. Akt); Heidelbrunn, Leipzig, Königsberg, Insterburg (5. Akt).
Die Orte folgen nicht zwingend einander wie in einem Bilderbogen;
die Szenen könnten in ihrer simultanen Anlage durchaus umgestellt
werden. Dadurch erinnern sie an die Dramatik Shakespeares. Es gibt
zwar ein Zentrum – Heidelbrunn –, dieses Zentrum wiederum eignet
sich kaum zur Vorstellung.

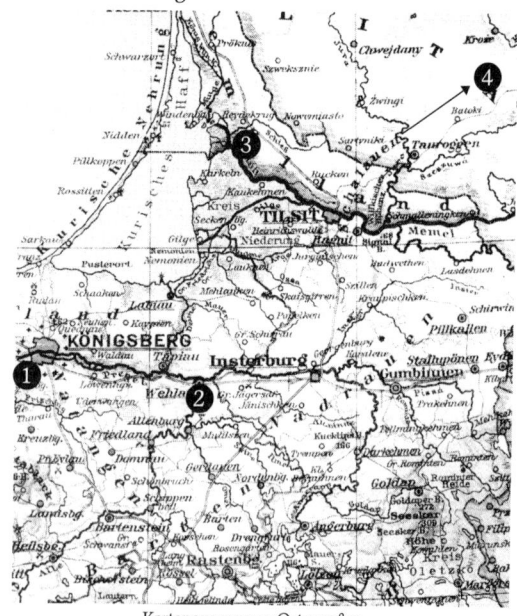

Kartenauszug von Ostpreußen
1. Königsberg 2. Insterburg 3. Heydekrug (Heidelbrunn?) 4. Richtung nach Seßwegen

Die Orte sind als Kontraste angelegt: Zwischen Bildungsmonopolen wie Halle und Leipzig steht die tiefe Provinz Insterburg. Das führt zur Gegenüberstellung von Studentenleben und provinzieller Beschränkung, nationaler Kunst (Lessings *Minna von Barnhelm* u. a.) und Dilettantismus (Läuffer als Tanzmeister und Zeichnungen Gustchens). Diese Kontraste führen aber nicht, wie zu erwarten wäre, zu einseitiger Überlegenheit, sondern weisen trotz der unterschiedlichen Geltung ähnliches Niveau auf. Das spricht nicht gegen Lessings *Minna von Barnhelm*, sondern Lenz weist das geistige Niveau seiner zeitgenössischen Komödienbesucher aus: Die Jungfer Knicks, die ursprünglich Lessings Komödie besuchen wollte, verzichtet darauf, weil der von drei Hunden gejagte Pätus im Wolfspelz das „Lustigste" war; in der Komödie würde sie nicht so viel zu lachen kriegen (S. 33, 13 f.).

Die Eröffnung geschieht durch einen Monolog, der eine besondere Exposition ist: **Eröffnung**
Die Situation und das Figurenensemble stellen sich nicht szenisch vor, sondern sie werden beschrieben. Lenz hatte diese Eröffnung bei den Bearbeitungen von fünf Plautus-Komödien kennen gelernt, aber sie waren auch sonst zeitgemäß (vgl. die Eröffnung in: Goethe: *Iphigenie auf Tauris*).

Die Lösung des Stückes ist eine der genialsten der deutschen Literatur überhaupt, **Lösung des Stückes**
ein „einzigartiges Gebilde"[46]. Zwei tragische Konflikte werden zu Ende und durch ihre Beziehung aufeinander zu einer grotesken Harmonie geführt:

1. Die entehrte Adlige Gustchen von Berg ist ein gefallenes Mädchen und damit zum Untergang verurteilt; zeitgenössische Beispiele – erinnert sei an den Weg Gretchens in Goethes *Faust*, das nichtadlig mit einem unehelichen Kind nicht mehr gesellschaftsfähig war – gab es dazu. Das war die tragische Lösung: Hingabe aus Liebe bezahlt die Frau mit dem Tod. Bei Lenz wird Gustchen aus dem Wasser gerettet und bekommt den versprochenen adligen Ehemann.

---

46 Mayer, S. 120.

2. Der Hofmeister Läuffer ist als Domestik durch die Verführung des adligen Gustchens zum Untergang verurteilt („Man steht mir nach dem Leben." S. 45, 6 f.). Er hat sich schon entmannt, was einem Teiluntergang gleichkommt. Doch überlebt er als sittlich reiner Ehemann, der nur seine ehelichen Pflichten bei dem schönen, aber etwas einfältigen jungen Mädchen Lise nicht erfüllen kann: Da sie aber „Enten und Hühner genug" (S. 89, 22) zu füttern hat, braucht sie keine Kinder.

In beiden Fällen treten die zu erwartenden und literarisch oft geübten tragischen Lösungen nicht ein, sondern werden durch ein Happyend ersetzt. Nur sind die Beteiligten am Happyend teils real, teils moralisch kastriert und nicht mehr Repräsentanten ihres Standes oder ihres Geschlechts: Man gibt sich mit reduzierten Menschen zufrieden. Das ist in beiden Fällen die Folge der Erziehung durch Hofmeister und steht für die *Vorteile der Privaterziehung*, wie der Untertitel lautet. Die Reduktion wurde mühelos möglich, weil die betroffenen Charaktere nicht so ausgerüstet waren, dass sie tragische Konflikte durchgehalten hätten. Gustchen ist durch die Namengebung mit dem Diminutiv „verkleinert" (Auguste – Augustchen – Gustchen) worden und erscheint bei dem Versuch, ein Leben nach dem künstlerischen Vorbild zu führen, geradezu komisch lebensfremd. Läuffer, der ebenfalls mit Verkleinerungen versehen wird (Männchen, Hermannchen), liebt ebenfalls nach literarischem Beispiel (Abälard), ist besonders triebhaft, aber ein jämmerlicher Schwächling, wenn es ernst wird. Lenz hat ihm die aufschlussreiche alliterierende (stabreimende) Regieanmerkung mitgegeben: „Läuffer läuft fort." (S. 35, 20 f.). Die Selbstkastration geschieht aus „Reue, Verzweiflung" (S. 74, 29) und soll die Angst, extrem triebhaft zu sein, vertreiben; sie geschieht nicht aus tragischer Notwendigkeit. Triebhaft bleibt Läuffer trotzdem (S. 87, 4 f.).

Maß an glücklichen Lösungen unglaubwürdig

Das Maß an glücklichen Lösungen ist so übervoll, dass es unglaubwürdig ist. Die Fülle von Entsagungen trifft Grundsätzliches: Läuffer hat auf seine Mannbarkeit verzichtet und ist damit zeugungsunfähig, die gottgefällige Lise verzichtet auf ihre Mutterschaft, ein Widerspruch in sich; die Repräsentanten des Adels verzichten auf die Konvenienzehe (die passende Ehe zwischen jungfräulicher Adliger und Adligem). Pätus, der keine Frau unverführt ließ, heiratet nun die von ihm schon eroberte Jungfer Rehaar. Sie, die Bürgerliche, und Gustchen, die Adlige, sind, wie der Geheimrat sagt „in *einem* Alter, *einem* Verhältnisse" (S. 79, 24). Das Verhältnis ist eindeutig: Beide sind nach dem herrschenden Ehrbegriff gefallene Mädchen.[47] Wie sehr das Modell der Standesehe dennoch im Denken verankert ist, macht der Major deutlich, als er auf des Geheimrats Hinweis, es gäbe Bewerber für seine Tochter Gustchen, fragt: „Ist er von Adel?" (S. 94, 1). Alle bringen Moral und Besitz wieder in Übereinstimmung, allerdings unter der Voraussetzung, dass der Besitz gesichert ist: Der alte Pätus will die Verbrechen an seiner Mutter, die ihm zu seinem Vermögen verhalfen, „wieder gut" (S. 93, 17) machen; nachdem der Geheimrat weiß, dass Fritz keine „Schulden auf meine Rechnung gemacht" (S. 90, 19 f.) hat, verzeiht er ihm. Der alte Pätus wird „durch Großmut" (S. 95, 16) beschämt, als ihm sein Sohn das für die Erziehung ausgegebene Geld zurückgibt: „... das Kapital hat sich vermehrt" (S. 95, 13) und er ist nun gern wieder Vater. Das alles würde nicht eintreten, wenn Fritz und Pätus nicht nach Insterburg gekommen wären und viel Geld mitgebracht hätten. Die Reise und das Geld, – es sind der unglaubwürdige Höhepunkt und die sarkastische Übertreibung –, verdanken beide einem Lotto-Gewinn (S. 81, 25 ff.) von 380 Friedrichsd'or, das waren fast 2000 Taler. Das entsprach etwa 13 Jahresgehältern eines Hofmeisters, 20 eines Schulmeisters und 40 eines Schmiedes. Der wahrhaft fürstliche Lottogewinn unterstreicht die satirische Überhöhung der glücklichen Lösungen. Dass Geld die entscheidende Voraussetzung für Stand, Bil-

---

47 Die Rehaar hat allem Anschein nach in Königsberg sogar das große Haus einer Kurtisane geführt; wie anders sollte man die Beobachtung Gustchens sonst verstehen, Jungfer Rehaar sei in so viel „Zerstreuungen verwickelt, so mit Kutschenbesuchen und Serenaden belästigt" gewesen, dass sich Gustchen fürchtete, „zu unrechter Zeit zu kommen" (S. 79, 28 ff.).

dung, Moral und Ehre ist, eröffnet das Stück: Läuffer beklagt, sein Vater habe ihm die Tauglichkeit zum Adjunkten abgesprochen: „Ich glaube, der Fehler liegt in seinem Beutel; er will keinen bezahlen." (S. 5, 5 f.).

literarische Beziehungen

Der Handlung werden literarische Beziehungen unterlegt, die im Sturm und Drang aktuell waren: Shakespeare, Gellert, Rousseau und andere. Ein Teil der Komik bzw. satirischen Wirkung entsteht erst aus der Kenntnis der Vorlagen. Die Personen leben nach historischen Modellen, kopieren sie und verzichten dadurch auf ihre eigenen Gefühle und Lebenspläne; sie werden zu Karikaturen der Vorlagen. Besonders ausgeprägt ist das bei Gustchen, die „Tag und Nacht über den Büchern und über den Trauerspielen" (S. 12, 31 f.) liegt. Geheimrat von Berg beobachtet sorgenvoll das Pseudoleben im „Roman" (S. 16, 17; S. 17, 13). Fritz und Gustchen nutzen für ihre Liebe das Modell Romeo und Julia, als Warnung wird Gellerts Gedicht *Der Selbstmord* genannt, das allerdings schon eine Satire ist, denn ein enttäuschter Jüngling verzichtet dort auf den beabsichtigten Selbstmord. 1772 hatte sich Lenz ausführlich mit Shakespeares *Romeo und Julia* und Ducis' Bearbeitung des Stückes, das in Paris aufgeführt wurde, beschäftigt und als Unterschied zwischen beiden Werken herausgestellt: „ ... der *Hauptzweck* des Dichters (Ducis, R. B.) war nicht wie beim Shakespeare die zärtlichen *Verirrungen und Unglücksfälle einer verbotenen Liebe* zu zeigen, sondern uns die Folgen des *Bürgerkriegs und aufgereizter Leidenschaften des Hasses und der Rache* darzustellen"[48]. Nach Lenz hatte er damit einen entscheidenden Fehler begangen, weil er die Tragödie nicht mit Personen (Charakteren), sondern einer Sache (Handlung) bediente.

Exkurse

In die Handlung eingebaut sind Exkurse, die kaum am Fortgang der dramatischen Handlung beteiligt sind, aber im Hinblick auf den politischen Gestaltungsvorsatz, den die Stürmer und Dränger mit der Kunst und

---

48 Lenz, Bd. 2, S. 627.

Literatur verbanden, nicht wegzudenken sind. Sie wären mühelos in Thesenpapiere umzuformulieren, die für Gesellschaftsprogramme entwickelt werden, und sind meist dem zentralen Thema der Bildung verpflichtet, erörtern die Arbeit als Hofmeister (S. 5, 5–24; S. 5, 29–7, S. 6), den Zusammenhang von Bildung und Wirklichkeit (S. 16, 5–S. 18, 4), öffentliche und private Bildung (S. 19, 1–S. 25, 27), Bildung, Verantwortung, Lohn und Freiheit (S. 50, 17–S. 54, 29).

Diese Exkurse stehen im Zusammenhang mit Lenz' Reformbemühungen und -vorhaben, die größtenteils unausgearbeitet blieben. Vollendet wurde *Über die Soldatenehen* (1776); diese soziale Anklage- und Reformschrift stieß auf Goethes Widerstand. Man wird den *Hofmeister* unter diesem Gesichtspunkt auch als Thesenstück über die Ehe und die Sexualität bezeichnen können.

2.4 Personenkonstellation und Charakteristiken

Lenz hat für die **wesentlichen Charaktere** authentische Vorbilder benutzt. Dass er selbst Läuffer ähnlich ist, lässt sich nicht übersehen. Indem er den Personen teilweise sprechende Namen gab, verfremdete er sie gegenüber dem Vorbild. Nur Berg, Pätus und Bollwerk behielten ihre Namen gegenüber der ersten Fassung und vermutlich gegenüber den authentischen Vorbildern bei. Die Charaktere wurden auf einen Charakterzug festgelegt, grotesk verzerrt und typisiert wie Graf Wermuth auf die Fähigkeit zu sinnlosen Gesprächen und, seinem Namen gerecht werdend, auf unmäßiges Trinken: „Ich habe neulich mit meinem Bruder ganz allein auf unsre Hand sechshundert Stück (Austern) aufgegessen und zwanzig Bouteillen Champagner dabei ausgetrunken." (S. 35, 30 ff.) Es sind außerhalb des Adels einfache, oft banale Menschen; Aufbegehrendes ist ihnen fremd, revolutionärer Elan auch. Vielmehr stellen die meisten ihre Abhängigkeiten aus und sehen sich im Extremfall, wie Läuffer, als „Sklaven im betressten Rock" (S. 51, 5). Das kommt der Karikatur nahe.

Läuffer

bekommt von Lenz keinen Vornamen, dafür einen sprechenden Familiennamen: Er enthält einmal das Adjektiv „läufig" (brünstig) und zum anderen die Tätigkeit eines Domestiken, eines „Läufers", der Erledigungen besorgt usw. Durch die Triebhaftigkeit wird er als ein von „Leidenschaft" (S. 75, 16 f.) gepeinigter

gepeinigter Mensch

Mensch typisiert, der zur Verzweiflung getrieben wird und sich mit einem im wahrsten Sinne des Wortes radikalen Schnitt einerseits Befreiung und Rettung verschafft, andererseits sein Mensch- und Mannsein reduziert und aufgibt.
Als junger Theologe darf er noch kein kirchliches Amt ausüben, da er noch nicht das entsprechende Alter hat. Für anderes hat ihn der

Vater nicht vorgesehen. Von einer Mutter hört man nichts. Das ist keine Ausnahme, denn die Mütter spielen in den meisten Dramen jener Zeit eine untergeordnete oder gar keine Rolle. Sein Schicksal als Hofmeister ist ungewöhnlich, die Tätigkeit selbst nicht: Verarmte oder arme Akademiker arbeiteten oft als Hofmeister und erfuhren dabei keine Anerkennung und viel Diskriminierung. Er hat manche Eigenschaften von Lenz bekommen, auch die Bezeichnungen, die mit Diminutiven arbeiten („Männichen" S. 5, 28; „Herrmannchen"[49] S. 34, 17 u. a.): Lenz war außergewöhnlich klein, zierlich und kindlich; Goethe nannte ihn „Lenzchen".

Gustchen

ist typisiert als „Tochter aus besserem Hause": Sie liest viel, zeichnet und lebt nach

Tochter aus besserem Hause

poetischen Modellen. Ernsthafte Bildung und entsprechende Beschäftigung kennt sie nicht. An die Stelle intellektueller und sozialer Interessen ist das erotische Rollenspiel getreten. Die Grenze ihres Verständnisses ist der Bettrand. Das bleibt auch so, als sie ihr Kind zur Welt gebracht hat. Soziale Verpflichtungen erkennt sie trotzdem nicht und folgt Träumen. Insofern ist Brechts Vorstellung richtig, dass sie erst dann ins Wasser geht, als sie die Retter am Ufer weiß: „Erschüttert zieht der Major seine Tochter aus dem Dorfteich, in den sie, seines Eingreifens sicher, watete."[50] Wie weit Gustchen fern der sozialen Wirklichkeit steht, wird in ihren Lektüreinteressen deutlich. Während Rousseaus Natur-Kultur-Gegensatz die philosophischen Diskurse der Zeit bestimmte und sein *Gesellschaftsvertrag* (1762) Herzstück der Rezeption im Sturm und Drang wurde – beschrieben wird das Ideal einer Gesellschaft, in der jeder Mensch den Schutz des Staates genießt, wenn er den Allgemeinwillen mitbestimmt –, hat

---

49 In der Handschrift stand hier noch „Peterchen"; möglicherweise reagierte Lenz auf den Hermann-Kult, der durch Johann Elias Schlegels *Hermann* (1737), Mösers Trauerspiel *Hermann* (1749), Wielands *Hermann* (1751) und Klopstocks Bardieten (zuerst: *Hermanns Schlacht*, 1769) ausgelöst worden war.

50 Berlau, S. 75.

Gustchen nur Sinn für Rousseaus *Die neue Heloise* (1761), die ein glückliches Lehrer-Schülerin-Verhältnis beschreibt und die Liebesleidenschaft aus der Reinheit des Gewissens legitimiert.

Geheimrat von Berg

ist die auffälligste Figur des Werkes. Er wird von Läuffer wie der „Teufel" (S. 5, 22) gefürchtet, weil seine Forderungen zu hoch seien und ihm selbst der „Teufel" nicht gelehrt genug sei. Die Einschätzung ist deutlich: Berg ist ein rationaler, klar denkender und planmäßig arbeitender Lehrer und Verwaltungsbeamter, der Läuffer für die von ihm betreute Stadtschule abgelehnt hat. Er ist auch gegen ein Leben nach literarischen Modellen, die „nur in der ausschweifenden Einbildungskraft eines hungrigen Poeten ausgeheckt sind" (S. 17, 14 f.). Berg ist der Träger der antifeudalen Kritik, die sich bei Lenz auf die Hofmeister konzentriert, bei Brecht später zu einer Kritik an den Entwürfen der Stürmer und Dränger selbst

Träger vorrevolutionärer Ideen

wird. Berg ist zudem Träger vorrevolutionärer Ideen: Er fordert ein Bildungssystem ohne soziale Unterschiede (S. 23, 16 ff.) und auch sonst soziale Gleichheit (S. 23, 25). Dass er ein Aristokrat ist, entspricht den Vorstellungen der Stürmer und Dränger vom aufgeklärten Adel: Auch Schillers Karl Moor in den *Räubern* war ein Aristokrat; die geistigen Vorkämpfer eines aufgeklärten Fürsten waren durchweg Aristokraten wie Montesquieu und Holbach in Frankreich. Goethe setzte, als er 1775 nach Weimar kam, große Hoffnungen auf seinen Herzog Karl August von Sachsen, Weimar und Eisenach. – Sitten seien auf eine Art Naturrecht zurückzuführen – Berg nimmt Ideen Rousseaus auf – und das Bürgertum müsse sich zusammenschließen, um den Adel zu diesen Einsichten zu zwingen, „wir könnten uns bessere Zeiten versprechen" (S. 24, 10).

Bergs dramaturgische Funktion wird zum ersten Mal in Läuffers Eröffnungsmonolog deutlich, als Läuffer nicht weiß, ob von Bergs

Reden Tiefsinn oder „Satire" (S. 5, 17) sind. Berg führt zudem ein nützliches und genaues Leben und wird deshalb als „Pedant" bezeichnet. Dramaturgisch ist er Verführer und Weltweiser, Lebenskundiger und Bürger im Kreise des Adels. Manche seiner Ideen könnten von Lenz' Vater stammen, der ebenfalls vor dem Beruf des Hofmeisters warnte, weil er nie einen selbstständigen Hausstand gründen, nie Vermögen bilden und ewig Untertan bleiben werde, „immer die Füße unter einem fremden Tisch strecken muss."[51] Ähnlich argumentieren Berg und Wenzeslaus.

Major von Berg

ist zuerst ein brutaler Dummkopf, der sich hinter Fremdwörtern versteckt und von Grund auf bildungsfeindlich ist. Sein einziges Interesse gehörte früher dem Krieg, später der Tochter, die er geradezu abgöttisch liebt. Als seine Vorstellungen von der herausragenden Ehe scheitern, wird er sensibler, ohne seinen Standesdünkel aufzugeben. Aber er kann

Standesdünkel

verzeihen, umdenken und sich bescheiden. Dieser Vatertyp und die „wilde, groteske, so rührend wie empörende Verliebtheit der Tyrannenväter in ihre Töchter, ihr Brutalisieren und Hätscheln in einem Atemzug, ihr Verdammen und Verzärteln wider alle Vernunft, ihr stampfendes Verzeihen und schluchzendes Verfluchen" gehören nach Peter von Matt „zu den sensationellsten dramatischen Leistungen" von Lenz und seien ebenbürtig „den Seelenwirbeln der Liebesverräter in den Goethe-Stücken".[52] – Unter den Taufpaten Lenz' sind mehrere von Bergs.[53]

---

51 *Briefe von und an J. M. R. Lenz.* Hrsg. von Karl Freye und Wolfgang Stammler. Leipzig: Wolff, 1918, Nachdruck: Bern: Lang, 1969, Bd. 1, S. 15.

52 Peter von Matt: *Verkommene Söhne, missratene Töchter.* Familiendesaster in der Literatur. München: dtv (Nr. 30647), 1997, S. 235.

53 Damm, S. 7.

Majorin von Berg

Dummheit in Person

ist die Dummheit in Person und „die ‚böse'
Mutter"[54]. Sie ist unter diesen Vorzeichen
extrem typisiert und bleibt unverändert. Sie gerät im Laufe des Stückes in Vergessenheit, so belanglos ist sie. Sie verschwindet grundlos und wortlos aus der Handlung. Sie führt einen sinnlosen Dialog in Französisch und ist anmaßend. Der Hofmeister ist für sie ein Domestik; über den Menschen hat sie sich nicht informiert. Sie ist herrschsüchtig und trotz ihrer Dummheit ihrem Mann überlegen. Lenz hat vielfältige Hinweise auf diese Dummheit gegeben: Sie spricht zwar Französisch, kennt aber Frankreich nicht; im Umgang mit Konfessionen ist sie unsicher (S. 10, 3 f.).

Wenzeslaus

ist ein selbstbewusster Dorfschullehrer, der für die öffentliche Bildung steht. Er nimmt seinen Unterricht genau, reduziert aber die Bildung auf äußerliche Elemente: „Ein Mensch, der nicht grad schreiben kann, sag ich immer, der kann auch nicht grad handeln." (S. 46, 2 f.)

typischer Vertreter eines
provinziellen Kantianismus

Er ist ein typischer Vertreter eines provinziellen Kantianismus: Einerseits bestätigt er
die Verantwortung des Menschen, seinen
Verstand zum Maßstab der gesellschaftlichen Ordnung zu machen, andererseits begründet er die Notwendigkeit der Religion und schränkt damit die Selbstverantwortung des Menschen wieder ein. Zwar weiß er mit seinen bürgerlichen Rechten zu argumentieren, aber er setzt sie nicht zu Veränderungen der Gesellschaft ein. So ist er ein typischer Repräsentant eines Bürgertums, das schon vor seinem Aufstieg versagt und zum Mitträger der „deutschen Misere" (Brecht) wird.

---

54 Renate Möhrmann (Hg.): *Verklärt, verkitscht, vergessen. Die Mutter als ästhetische Figur.* Stuttgart. Weimar: J. B. Metzler, 1996, S. 85.

Rehaar

ist Lautenlehrer; ursprünglich hieß er in der Handschrift Reichardt.
Er wird erst in der letzten Szene des 4. Aktes eingeführt und ist die
Alternativfigur eines Lehrers zu Wenzes-

> Alternativfigur eines Lehrers

laus: Während der ein ausgeprägtes Selbst-
wertgefühl hat, fehlt dieses Rehaar völlig. Die Gestalt war eine Anlei-
he bei Johann Reichardt, dem Vater von Johann Friedrich Reichardt
(1752–1814). Der bekannte Komponist und Schriftsteller war Lenz'
Studienfreund in Königsberg (1768–71) und berichtete in seinen Erin-
nerungen darüber, dass Lenz während des Studiums schließlich nur
noch die Vorlesungen Kants besucht habe.[55] Auch wusste er von den
poetischen Bemühungen des jungen Studenten und Lenz las diesem
wahrscheinlich den ersten Entwurf des *Hofmeister* vor.[56] Reichardts
Vater war Musiklehrer und Stadtmusikant in Königsberg; er bildete
den Sohn musikalisch aus.

---

55 Vgl. das Faksimile in: Kaufmann, S. XI.
56 Vgl. Wolfgang Stammler: '*Der Hofmeister*' von Jakob Michael Reinhold Lenz. Ein Beitrag zur Literaturge-
    schichte des 18. Jahrhunderts. Dissertation Halle (Saale) 1908, S. 3.

2.5 Sachliche und sprachliche Erläuterungen

Die Dichtungen des Sturm und Drangs bemühten sich um eine Sprache, die der Alltagssprache ähnlich sein wollte. Dadurch drangen mundartliche und umgangssprachliche Wörter in die Dichtung ein, Kraftwörter – mindestens für die damalige Zeit – waren beabsichtigt. Auch die Grammatik wurde entsprechend variiert: Ausrufe, Fragesätze und elliptische Sätze sind häufiger als gewöhnlich in der Alltagssprache gebraucht und neu für die Dichtungssprache. Zeichen wie Gedankenstriche und Auslassungspunkte sind häufig. Einige Begriffe und formale Gestaltungen werden erörtert:

Hofmeister (Titel): Privaterzieher; zumeist Theologiestudenten ohne Abschluss oder arbeitslose Absolventen; verbreitete Tätigkeit junger Akademiker im 18. Jahrhundert. So arbeiteten neben Lenz auch Christian Fürchtegott Gellert (1715–1769), Johann Joachim Winckelmann (1717–1768), Johann Wilhelm Ludwig Gleim (1719–1803), Friedrich Gottlieb Klopstock (1724–1803), Immanuel Kant (1724–1804), Christoph Martin Wieland (1733–1813), Johann Gottfried Herder (1744–1803), Johann Gottfried Seume (1763–1810), Jean Paul (1763–1825), August Wilhelm Schlegel (1767–1845), Friedrich Daniel Schleiermacher (1768–1834), Johann Christian Friedrich Hölderlin (1770–1843) u. v. a. als Hofmeister.

Komödie (Gattungsbezeichnung): Lenz entwickelte sie inhaltlich zum sozial-kritischen Zeitstück, bezog aber seine formalen Muster von den Lustspielen Plautus', die er übersetzte. Die Grenzen zwischen Komödie und bürgerlichem Trauerspiel werden bei Lenz fließend, führen zum Typ der Tragikomödie[57] bzw. zu einer spezifischen Art der Komödie, die Lenz in seinen *Anmerkungen übers Theater*

---

57 „Komische Gestalten wirken ... zusammen zur Konstituierung der tragischen Lage. Das ist aber nur die untergeordnete tragikomische Bauform des *Hofmeisters*. Die führende Strukturschicht dieses tragikomischen Dramas besteht vielmehr darin, dass der tragischen *Opfer* dieser Situation selbst komische Figuren sind, ja Karikaturen. ... Das tragische Verhängnis trifft den Hofmeister Läuffer als eine komische Figur. Als solche ist er mit Bedacht gleich in der ersten Szene eingeführt. Nicht ‚für voll' genommen wird er." Vgl. Guthke, S. 61.

(1774) bestimmte: „Meiner Meinung nach wäre immer der Hauptgedanke einer Komödie *eine Sache*, einer Tragödie *eine Person*. Eine Missheirat, ein Findling, irgend eine Grille eines seltsamen Kopfs (die Person darf uns weiter nicht bekannt sein, als insofern ihr Charakter diese Grille, diese Meinung, selbst dieses System veranlasst haben kann: wir verlangen hier nicht die *ganze* Person zu kennen). In der Komödie aber gehe ich von den Handlungen aus, und lasse Personen teil dran nehmen welche ich will. Eine Komödie ohne Personen interessiert nicht, eine Tragödie ohne Personen ist ein Widerspruch."[58] Die vorwiegend typisierten Figuren im Hofmeister deuten nach Lenz auf eine Komödie hin.

Namen (Personen) (S. 4): In der Namensliste wird wie im Titel bereits das satirische Element deutlich, denn es sind meist sprechende Namen. Das wird auch in den Veränderungen deutlich, die Lenz zwischen Handschrift und Drucklegung vorgenommen hat. So wurde aus dem „Peterchen" Läuffer das „Hermannchen" Läuffer, gemessen an dem Hermann-Kult der Zeit eine grotesk-satirische Bezeichnung (s. S. 49 dieser Erläuterung).

Insterburg in Preußen (S. 5, 3): Stadt 87 km östlich von Kaliningrad/Königsberg, als Schloss vom Deutschen Orden gebaut, seit 1583 Stadtrecht. 1890: 22.227 überwiegend protestantische Einwohner (S. 10, 1 ff.). Inster und Angerapp vereinigen sich zum schiffbaren Pregel. Heute: Tschernjachowsk – An der Stadtgeschichte sind zahlreiche Nationen, darunter Schweizer, Holländer, Franzosen, Schotten und Salzburger, beteiligt gewesen. 1689 starb hier das Annchen von Tharau als Pfarrerswitwe.

Adjunkt (S. 5, 5): Gehilfe, Amtsgehilfe in akademischen und ähnlichen Einrichtungen.

Beutel, bezahlen (S. 5, 5 f.): Mit diesem Begriffspaar wird auf eine der wichtigsten Grundlagen der Handlung gewiesen: Es geht grundsätzlich um Geld. Hat man es, kann man sich Bildung, Moral, Kunst und Mitleid leisten, hat man es nicht, sind diese Werte hinfällig.

---

58 Lenz, Bd. 2, S. 669 f.

Dabei schließt Geld nicht unbedingt den Wunsch nach Bildung ein, wie das Majorsehepaar beweist. Erst ein riesiger Lottogewinn, den Pätus macht, schafft die Voraussetzung für lauter „glückliche" Lösungen und lässt ein Ende zu.

Stadtschule (S. 5, 8): An ihnen durften Kandidaten der Theologie zwischen Studium und Pfarre unterrichten. Für das Stück wird das zentrale Thema der Bildung und Erziehung angeschlagen, dem sich eine Wortkette anschließt, in der Lehrer eine Rolle spielen (Pedant, Klassenpräzeptor = Lehrer, Konrektor = Stellvertreter des Rektors).

Pedant (S. 5, 9): Ursprünglich war es die Bezeichnung für Erzieher, Hofmeister; nach dem ital. Pedante. Im 18. Jahrhundert wurde der Begriff auf einen Gelehrten oder Schulmeister angewendet, der sich steif, überklug, wissenschaftlich und regelbewusst bewegte. Man sah in ihm den Gegensatz zum Weltmann. – In dieser Bedeutung wird auch der Satz verständlich: „ ... dem ist freilich der Teufel selber nicht gelehrt genug" (S. 5, 10).

Leipzig (5, 16): Als Messe- und Kulturstadt führend in Europa, aber es war auch die Stadt der Poesie: Johann Christoph Gottsched (1700–1766) wirkte dort und das Theater der Neuberin. „Händels Kuchengarten" und „Richters Kaffeehaus": Goethe beschrieb in *Dichtung und Wahrheit* (2. Teil, 7. Buch), wie sie als Studenten dem Kuchenbäcker Händel ein Gedicht an die Wand schrieben: „O Händel, dessen Ruhm von Süd zum Norden reicht ... Und Händels Tempel ist der Musensöhne Herz." Das Gedicht war die Parodie auf eine Festansprache des Leipziger Philosophieprofessors Clodius vom 5. März 1767.[59]

mit Kreide über den Schnabel ziehen (S. 6, 30): In Jean Pauls *Levana oder Erziehlehre* (1807, § 64)[60] wird beschrieben, wie man ein Huhn hypnotisiert, indem ein breiter Strich mit Schulkreide auf den Schnabel das Huhn, das man dabei fest- und niederhalten müsse, zwinge, darauf zu starren. Jean Paul nahm einen Vorgang aus dem

---

59 Goethe: *Aus meinem Leben. Dichtung und Wahrheit* (11. Buch) In: ders.: Poetische Werke. Berliner Ausgabe. Bd. 13. Berlin: Aufbau-Verlag, 1960, S. 328.
60 Vgl. Voit, S. 11.

bäuerlichen Alltag auf, wo man Hühner so auf das Schlachten vorbereitete. Berg sieht den Major durch seine Frau ähnlich hypnotisiert.

galonierter (S. 7, 5): mit Borden und Tressen besetzt, von franz.: galon = Tresse, Borde.

Pas, Assembleen (S. 8, 2 ff.): Tanzschritt, Tanzfigur; Tanzgesellschaften.

enrhumiert (S. 8, 18): erkältet, verschnupft.

Vous parlez françois … (8, 19 ff.): Beide sprechen in Versatzstücken miteinander französisch: „Sie sprechen ohne Zweifel französisch? – Ein wenig, Madame. – Haben Sie schon Ihre Bildungsreise nach Frankreich gemacht? – Nein, Madame … Ja, Madame. – Sie sollten doch wissen, dass man in Frankreich nicht die Hand küsst, mein Lieber". Die Kenntnisse von Frankreich sind gering, denn es war in Frankreich üblich, als besonderes Zeichen der Achtung Damen die Hand zu küssen. – Adlige und wohlhabende Bürger mussten, um gesellschaftsfähig zu werden, eine Bildungsreise durch Europa unternehmen; dabei waren Italien und Frankreich bevorzugte Zielländer („Votre tour de France").

Dresden, Marchese, Florenz (S. 8, 30 f.): Im augusteischen Zeitalter Dresdens (1694–1770), der Regierungszeit der Kurfürsten Friedrich August I. und Friedrich August II., als polnische Könige August II. (der Starke) und August III., wurden italienische Kunst in Dresden nachdrücklich gepflegt, italienische Künstler nach Dresden gerufen und 1725 die 1720 aufgelöste italienische Oper neu belebt. Oper und Ballett wurden durch italienische Regisseure (Pietro Mingotti, Pietro Moretti u. a.) bestimmt. Dazu gehören auch die Namen Pintinello (in der Handschrift noch: Ballado), wohl ein fiktiver, italienisch klingender Name, und Beluzzi (der Tänzer und Choreograf Carlo Beluzzi).

Kochischen Theater (S. 9, 9): Die von Gottfried Heinrich Koch (1703–1775), Schauspieler und Dramatiker, geleitete bekannte Theatergruppe spielte mit Unterbrechungen seit 1750 in Leipzig, seit

1766 in einem neu erbauten Schauspielhaus. Koch war anfangs einer der wichtigsten Schauspieler in der Bühne der Neuberin, der er als Prinzipal 1751 folgte.

an seinem links bordierten Kleide (S. 9, 26): Männerkleider sind links, Frauenkleider dagegen rechts bordiert. Für die Majorin ist das richtig bordierte Kleid Ausdruck guten Verhaltens und akademischer Bildung.

Malum hydropisiacum (S. 10, 24): lat. Wassersucht.

Cornelio (S. 10, 26): Eigentlich Cornelius Nepos (um 99–um 24 v. d. Z.), römischer Historiker, dessen Lebensbeschreibungen berühmter Männer häufig Unterrichtslektüre war. Die falsche Deklination (Dativ statt Akkusativ) weist die mangelhaften Latein-Kenntnisse des Majors aus.

Vierhundert Taler, Salarii (S. 11, 27 f.): Dieser Lohn für einen Hofmeister war relativ hoch, ein Hofmeister bekam in der Regel 60 Taler als Jahresgehalt.[61] Möglicherweise ist die Höhe des Lohnes satirisch zu verstehen. Lessing erhielt als Hofbibliothekar in Wolffenbüttel, eine gehobene Stellung, 600 Taler; das war zur Gründung eines eigenen Haustandes kaum ausreichend. – „Salarii" vom mlat. Salarium (Soldatenlohn). Der Major hat nur mangelhafte Latein-Kenntnisse und verwendet erneut einen falschen Fall; es müsste richtig „Salario" (Dativ) heißen. Der Begriff ist heute noch in „Salär" zu finden.

über den Büchern und über den Trauerspielen (S. 12, 32): Das wird zur wichtigsten Charakterisierung Gustchens; sie liest und lebt in ihrer Lektüre. In ihrer Beziehung zu Fritz kopiert sie Romeo und Julia, in der zu Läuffer Abälard und Heloise.

Absalom (S. 13, 5): Altes Testament, 2. Samuel 18, 5: König David befahl seinem Feldherrn Joab die Schonung seines aufständischen Sohnes; dieser hielt sich aber nicht daran und tötete den wehrlosen

---

61 Zur Inszenierung des *Hofmeisters* von Brecht wurde vom Goethe-Schiller-Archiv in Weimar eine Ausstellung geschaffen, in der auch Einkommensstufen aufgelistet wurden. Darunter: Taler jährlich Launay (Chef der preußischen Steuerverwaltung) 15 000, Goethe als Minister 3 100, ein Leutnant 230, Bürgermeister von Berlin 200, ein Professor 140, ein Landpfarrer und ein Leineweber 50–70, ein Schullehrer 12–80, eine Köchin 10 und eine Viehmagd 5.

Absalom. Der Major sieht sich in der Rolle Joabs, während die Majorin schonenden Umgang wie David empfehle.

Heidelbrunn (S. 13, 29): Ein Ort mit Schloss (S. 45, 9) bzw. Gut (S. 81, 15), zu dem aber auch die Schule von Wenzeslaus zu zählen ist (S. 45, 9). Königsberg ist zu Pferde (S. 25, 8), Insterburg ähnlich zu erreichen (S. 81, 16). Das träfe auf die ehemalige preußische Landstadt Heydekrug (Silute) zu, die in Ermangelung eines authentischen Orts angenommen werden könnte.

Juliette (S. 13, 31): Shakespeares *Romeo und Julia* war 1766 von Christoph Martin Wieland erstmals ins Deutsche übersetzt worden; bei Wieland hieß Julia Juliette. So nannte sie auch Jean-François Ducis (1733–1816), dessen Bearbeitung nach Shakespeare 1772 in Paris gespielt wurde. Lenz beschäftigte sich ausführlich auf der Grundlage einer Rezension mit Shakespeare und Ducis und übergab die Abhandlung *Anmerkungen über die Rezension eines neu herausgekommenen französischen Trauerspiels* als Dankesrede an die Straßburger „Sozietät", die ihn zum Ehrenmitglied ernannt hatte.

Gellert (S. 14, 9): Gustchen zitiert leicht verändert aus Christian Fürchtegott Gellerts Gedicht *Der Selbstmord*, in dem ironisch ein enttäuschter Jüngling, „ein Beispiel wohlerzogner Jugend", sich zum Selbstmord mit dem Degen entscheidet, aber „er besieht die Spitz' und Schneide / Und steckt ihn langsam wieder ein". Gellert (1715–1769), zeitweise 1739 auch Hofmeister, war einer der populärsten Dichter der Aufklärung und auch als Erzieher und Professor für die Bildung von Hofmeistern verantwortlich.

Graf Paris (S. 14, 16): Bei Shakespeare von den Eltern zum Manne Julias bestimmt und von Romeo an der Bahre der vermeintlich toten Julia im Zweikampf erschlagen.

Romane (S. 16, 17): Berg sieht sorgenvoll auf das Leben nach literarischen Modellen, das Gustchen und Fritz führen, und warnt wiederholt davor (S. 17, 13 ff.). Der Vorgang gehört zu den literarischen Beziehungen, die an die Stelle wirklicher Gefühle treten.

p-ss-n (S. 20, 5): pissen; in der Handschrift noch ungekürzt.

Freiheit (S. 20, 7): Es wird die aufklärerische Vorstellung entwickelt, dass der Mensch seine Grundsätze leben und seine Ideen „zu höherer Glückseligkeit ... erheben" (S. 20, 21) muss, um damit anderen Menschen ein Angebot zum gesellschaftlichen Zusammenleben zu machen. In diesen Berg'schen Ansichten schlagen sich Lenz' Studium und seine persönliche Kontakte zu Kant nieder, der schon in seiner sogenannten vorkritischen Phase bis 1770 von der Würde und der Freiheit des Menschen überzeugt war und diese lehrte. Der Mensch, so empfiehlt Berg, solle „seine Kräfte und seinen Verstand dem allgemeinen Besten" (S. 21, 4 f.) aufopfern; das sei Freiheit. (Vgl. Anmerkung zu S. 51, 6 ff.)

dass Ihre selige Frau Ihr göttlicher Ruf war (S. 21, 32): In Kommentaren wird darauf hingewiesen, dass der Pastor Läuffer möglicherweise eine verwitwete Pastorenfrau oder die Geliebte seines Herrn geehelicht habe.[62] Der Name des Herrn von Tiesen erinnere an eine Patin von Lenz, Catherine von Tiesenhausen, geb. von Berg. Lenz konnte sich aber auf ein bekanntes Beispiel berufen: 1723 wurde bekannt, dass Simon Dachs Lied *Ännchen von Tharau* in die Gegend gehörte. Anna Neander (*1619 Tharau †1689 Insterburg) hatte zuerst den Pfarrer Portatius im Insterburgischen geheiratet, zu ihrer Hochzeit dichtete Dach das Lied. Als Portatius nach zehnjähriger Ehe starb, heiratete die Witwe seinen Nachfolger und schließlich auch dessen Nachfolger, eine zu dieser Zeit verbreitete Versorgungsart von Pfarrerswitwen. Sie starb verarmt bei ihrem ältesten Sohn, dem Pfarrer von Insterburg (S. 10, 1 ff.). Ihre Schwiegertochter Elisabeth hatte ein ähnliches Schicksal: Nach dem Tod dieses Insterburger Pfarrers Portatius, Annas Sohn, heiratete sie ebenfalls seinen Nachfolger.[63]

Laban (S. 22, 4): Altes Testament, 1. Mose 29: Jakob diente bei Laban sieben Jahre, um Rahel als Frau zu bekommen; nach den sieben

---

62 Vgl. Voit, S. 21.
63 Antanas Stanevius: *Rätselraten um Ännchen von Tharau.* Übersetzt aus dem Litauischen von Diana und Ulrich Fischer. Klaipeda: Rytas, 1992, S. 70 ff.

Jahren bekam er aber deren ältere Schwester Lea („Lea hatte ein blödes Gesicht"), da zuerst die Ältere verheiratet werden musste. Erst nach weiteren sieben Jahren bekam er Rahel.

Hugo Grotius (S. 22, 13): (1583–1645), holländischer Philosoph und Staatsmann, Begründer des Natur- und Völkerrechts, seit 1634 im Dienste Schwedens. Er galt als einer der vielseitigsten und scharfsinnigsten Gelehrten seiner Zeit.

Königsberg (S. 25, 8): heute: russ.: Kaliningrad. Die Hauptstadt des Herzogtums Preußen wurde die zweite Hauptstadt des Königreichs Preußen, das aus Preußen und dem Kurfürstentum Brandenburg entstand. K. war mit seinem Hafen und der Universität Albertina, an der seit 1770 Kant lehrte, das Zentrum der Region.

Zu Halle in Sachsen (S. 27, 2): Lenz' Vater Christian David Lenz zog 1735 in die Franckeschen Stiftungen in Halle und machte sich mit Aushilfsarbeiten nützlich.[64] Vom 17. Juni 1737 bis 1740 studierte er in Halle Theologie – die Studiengebühren wurden ihm erlassen – und gab dort Nachhilfestunden.[65] Seit 1693 bestand in Halle eine Universität, die neben Königsberg als lutherische Hochschule von den Hohenzollern gedacht war und mit der 1688 gegründeten Ritterakademie vereinigt wurde. Sie wurde in der Aufklärungszeit durch die hier lehrenden Philosophen Christian Thomasius (1655–1728), der 1690/91 in Halle erstmals Vorlesungen in deutscher Sprache hielt, und Christian Wolff (1679–1754) berühmt.

Hundertachtzig Stunden (S. 27, 15): Eine Stunde wird mit 4–5 km gerechnet. Die Angabe entspricht der Entfernung von Leipzig nach Insterburg (ca. 810 km).

invitieren (S. 28, 8): einladen, auffordern.

die Döbbelinsche Gesellschaft (S. 30, 24): Carl Theophil Döbbelin (1727–1793) war Schauspieler bei der Neuberin und leitete später eine eigene Schauspieltruppe. 1775 wurde er in der Nachfolge Kochs (s. Anm. zu S. 9, 9) Direktor des Theaters in Berlin, 1786 Direktor des

---

64 Damm, S. 8.
65 Thomas Schnaak: *Das theologische Profil des Vaters in einigen Grundzügen.* In: Kaufmann, S. 15.

Berliner National- und Hoftheaters. Döbbelin spielte mit seiner Truppe auch in Breslau, Königsberg und Magdeburg. Als Döbbelin am 21. 3. 1768 die Aufführung von Lessings *Minna von Barnhelm* in Berlin durchsetzte – es wurde sechsmal hintereinander und binnen 22 Tagen neunzehn Mal gegeben – hatte er großen Erfolg; damit ging die Truppe auf Gastspielreise.

Minna von Barnhelm (S. 32, 22 f.): Die Uraufführung von Lessings Komödie fand am 30. 9. 1767 in Hamburg statt. Sechs Monate zuvor war sie veröffentlicht worden. Danach fanden Aufführungen in Frankfurt a. M., Wien und in Leipzig (durch die Koch'sche Gesellschaft) statt. Die Aufführung durch die Döbbelin'sche Truppe am 21. 3. 1768 hatte anfangs mit der Zensur zu kämpfen – man könne über Gott „räsonieren und dramatisieren, aber nicht über Regierung und Polizei"[66] –, wurde aber dann ungekürzt gespielt.

über Meere und Ströme ... (S. 35, 6 ff.): 1636 wurde in der Kirche von Tharau (heute: Wladimirow) unweit Königsbergs die Pfarrerstochter Anna Neander verheiratet. Der Dichter Simon Dach, der das Mädchen ebenfalls liebte, nahm an der Hochzeit teil und schrieb das später zum Volkslied gewordene *Ännchen von Tharau*, in dem beschrieben wird, wie der Liebende der Geliebten folgt, durch „durch Wälder, durch Meer / Durch Eis, durch Eisen, durch feindliches Heer". Anklänge an das berühmte Lied überlagern sich mit Versen aus der Gartenszene in Shakespeares *Romeo und Julia* (2. Akt, 2. Szene).

Abälard (S. 35, 13): Der Philosoph und große Gelehrte Pierre Abälard (1079–1142) hatte seine Schülerin Heloise (1100–1163) – er war ihr Hauslehrer, weil sie als Frau nicht an seinem offiziellen Unterricht an der Domschule in Paris teilnehmen durfte! – verführt und nach der Geburt ihres Sohnes geheim geheiratet. Von deren Angehörigen wurde er überfallen und entmannt. Nach einem ständig angefeindeten Leben, in dem sie ihre gegenseitige Liebe nie leugneten, und verschiedenen Sterbeorten wurden sie schließlich 1817 gemeinsam auf

66   Wilfried Barner u. a.: *Lessing. Epoche – Werk – Wirkung*. München: C. H. Beck (Beck'sche Elementarbücher), 1975, S. 238.

dem Père-Lachaise in Paris bestattet. Das Liebespaar wurde eines der großen Beispiele für die Literatur und von Hofmann von Hofmannswaldau über Mercier und Nikolaus Lenau bis zu Stefan Schütz und Luise Rinser bedichtet.

Die neue Heloise (S. 35, 16): 1762 erschien Jean-Jacques Rousseaus Roman *Julie ou La Nouvelle Héloïse* (1761) in Deutsch; mit der historischen Liebesgeschichte stimmte das Lehrer-Schülerin-Verhältnis überein.

Piquet (S. 36, 5): Kartenspiel für zwei Personen.

Fontenelle (S. 36, 8): Ein künstlich gebildetes und unterhaltenes Geschwür, in das man eine Erbse legte, um die Wunde am Eitern zu halten und dadurch gefährliche Säfte abzuleiten. Das stellte sich als Irrtum heraus. Erhalten blieb der Begriff als Fontanelle: Kopföffnung bei Säuglingen, die sich erst im 2. Lebensjahr mit Knochenmasse schließt.

wie der Heautontimorumenos in meiner großen Madame Dacier abgemalt (S. 37, 5 ff.): Der Held in der Komödie *Der Selbstquäler* (griech.: Heautontimorumenos) des römischen Dichters Publius Terentius Afer (Terenz; um 195–159 v. d. Z.) bestrafte sich mit harter Feldarbeit, die mit unbrauchbaren Geräten noch erschwert wurde. Er wollte damit seine Schuld am Schicksal seines Sohnes tilgen. Anne Dacier (1654–1720) übersetzte die Komödie ins Französische; die Ausgabe war illustriert.

Es frisst mir die Leber ab (S. 37, 31): Die Leber galt neben dem Herzen als wichtigstes Körperorgan. Aber die Formulierung dürfte auf Prometheus zurückgehen, den Zeus für die Erschaffung des Menschen dadurch bestrafte, dass er ihm die Leber täglich von seinem Adler abfressen ließ.

schalu über (S. 38, 7): von franz. jaloux = eifersüchtig.

eins übern Daumen pisse (S. 41, 34 f.): Nicht eindeutig, aber wahrscheinlich Ausdruck für die Geringschätzung des Gegners, „auf den man pisst" und für den man keine Sekundanten braucht.

Abgott (S. 43, 22): falscher Gott oder Götze, auch bedeutend: gottlos.

Bataillen, Blessuren (S. 43, 26 f.): Schlachten oder kriegerische Treffen, Verwundungen und Verletzungen.

Pflug in die Hand nehmen (S. 44, 2): Da seine aristokratischen Pläne nicht aufgehen, schwenkt der Major auf aufklärerische Positionen eines natürlichen Landlebens um, bei dem man von niemanden abhängig ist und für sich selbst sorgt (Wenzeslaus S. 52, 23 f.). Rousseau sah z. B. in den besitzlosen Hirten, die in den Idyllen der Aufklärung auftraten (Salomon Geßner), die Erfüllung seiner Ideale des Natürlichen. Neben dem Bürgerlichen war das Bäuerliche der Gegensatz zu Höfisch-Aristokratischem, der Bauer und die Landbevölkerung insgesamt stiegen zum wichtigen literarischen Vorwurf auf. Gottsched hatte das bereits 1730 in seinem *Versuch einer Critischen Dichtkunst* angekündigt: Die ländliche Welt sei die Welt „in ihrer ersten Unschuld", darin wohne „ein freies Volk" und „ein jeder Hausvater ist sein eigner König und Herr; seine Kinder und Knechte sind seine Untertanen, seine Nachbarn sind seine Bundesgenossen und Freunde" (I. Abschnitt, IX. Hauptstück).

im benachbarten Schloss (S. 45, 9): Diese Angabe weist Schloss und Schule als Heidelbrunn zugehörig aus. Wenzeslaus ist als Dorflehrer der Gegenpol zum Hofmeister Läuffer.

rot und weiß (S. 45, 23; S. 46, 14; S. 48, 11; S. 51, 36; S. 53, 12; S. 86, 1 f.): Ohne dass Leser oder Zuschauer das erkennen könnten, spielt Lenz hier mit einer Formulierung aus seiner eigenen Shakespeare-Übersetzung *Amor vincit omnia* (Shakespeares frühestes Werk *Love's Labour's Lost* (um 1500), dt.: *Verlorene Liebesmüh*). In einem Gespräch über den Wert der Farben wird ein Lied mitgeteilt, das mit „weiß und rot" arbeitet.[67] Das Gewissen mache weiß, die Scham rot. Lenz spielt aber auch mit dem symbolischen Wert beider Farben: Weiß ist die Farbe der Unschuld, rot die der Liebe. Die zugehörigen Blumen sind die Lilie und die Rose, die Wenzeslaus auch beide nennt (S. 46, 16). Die beiden Farben verändern im Laufe der Handlung ihre Bedeutung und erhalten einen traurig-melancholischen Charakter (S. 58, 19 f.).

---

67 Lenz, Bd. 1, S. 617.

Efferveszenz (S. 47, 26): Aufwallung, stürmisches Entweichen von Gasen.

jungen Siegfrieds (S. 48, 3 f.): Anspielung auf den legendären Helden des Nibelungenliedes bzw. des *Volksbuchs vom gehörnten Siegfried* (um 1700). In der ältesten Schicht des Stoffes, und nur die war Lenz zu seiner Zeit bekannt, war Siegfried ein vertriebener (besitzloser) Fürst, der erst durch seine Taten Anerkennung gewinnt. Das entspricht dem aktuellen „Monsieur Jungfernknecht" (S. 48, 2): Die französische Anrede meint den galanten Liebhaber, die anschließende Beleidigung den armen und besitzlosen Frauenhelden.

die Welt verändert sich (S. 48, 12): Der Kant-Schüler Lenz legt Wenzeslaus die populistische Formulierung in den Mund, die das „man" in „man sagt wohl mit Recht" als Kant erkennen lässt. Der hatte in seiner Schrift *Allgemeine Naturgeschichte und Theorie des Himmels* (1755) die Entstehung von Erde und Sonnensystem aus einem gasförmigen Zustand als eine Folge ständiger Veränderungen erklärt. Der Auffassung schlossen sich zahlreiche Wissenschaftler an, darunter der Hallenser C. F. Wolff, und wandten sie auf andere Bereiche (Tier- und Pflanzenwelt) an.

Der Hohepriester Eli (S. 49, 21): Der Priester Eli trat nicht entschieden genug gegen seine boshaften Söhne auf, der Herr kündigte an, beide zu bestrafen (AT, 1. Samuel 2, 12 ff und 4, 11 ff.). Beide starben in einer Schlacht gegen die Philister; bei der Nachricht fiel Eli, allerdings 98-jährig, vom Stuhl und brach sich den Hals.

Damon und Pythias (S. 49, 29): Die beiden Pythagoreer aus Syrakus galten als Muster der Freundestreue. Ihre Geschichte wurde von mehreren antiken Schriftstellern erzählt (Cicero, Plutarch, Hygin und andere), ehe Schiller sie, allerdings nach Lenz, in seiner Ballade *Die Bürgschaft* (1798) verarbeitete.

Freiheit, güldene Freiheit (S. 51, 6 ff.): Läuffer fordert eine grenzenlose, dadurch aber nicht fassbare oder gar beschreibbare Freiheit. Freiheit ist eine philosophische Kategorie, die immer das Verhältnis des Menschen zu Natur und Gesellschaft beinhaltet. Wenzeslaus nimmt eine entsprechende Bestimmung vor, die auf aufklärerische Modelle verweist: Für Baruch Spinoza (1632–1677), einen bedeutenden niederländischen Philosophen und von großem Einfluss auf die französische und deutsche Aufklärung, entstand Freiheit aus der Natur des Menschen und seinem entsprechenden Handeln. Rousseau bestimmte die Freiheit aus dem menschlichen Naturzustand, und seine Auffassung fand Eingang in die Erklärung der Menschenrechte von 1789: „Die Freiheit besteht darin, alles tun zu können, was keinem anderen schadet." Für Wenzeslaus existiert Freiheit als Tätigkeit (Schule) in den Grenzen von Moral und Gewissen.

potz Millius, άριστου μέυ το ύδωρ (S. 51, 21 ff.): Wenzeslaus zeigt sein Wissen und zitiert lateinische und griechische Sentenzen, allerdings in alltäglich-prosaischen Zusammenhängen: potztausend (leichter Fluch), „Das Beste ist das Wasser" (Anfang der ersten Olympischen Ode des griechischen Dichters Pindar, 518–438 v. d. Z.).

laxieren (S. 51, 23): Um den Stuhlgang zu beschleunigen (Abführmittel), aber auch: Durchfall haben. Lenz verwendet das Wort euphemistisch (verhüllend, beschönigend) in einem Brief an seinen Vater vom 24. 11. 1767.[68]

mein eigner Herr (S. 52, 23): Wenzeslaus hat die Aufklärung verstanden und verinnerlicht; er orientiert sich an der Selbstbestimmung des Menschen.

Corderii Colloquia, Gürtleri Lexicon (S. 53, 32): *Gespräche der Schüler* (1564) von Maturinus Corderius wurde als Lateinlehrbuch verwendet; *Neues Universallexikon* (1683) von Nikolaus Gürtler (viersprachig: lat., dt., griech., franz.) galt als Standardwerk für den Sprachunterricht.

Kollaborator (S. 54, 2): Mitarbeiter, Hilfslehrer; die zugehörige Stelle hieß „Kollaboratur". Das Wort ist nicht zu verwechseln mit „Kollaborateur" (Verräter, Überläufer; jemand, der mit dem Feind zusammenarbeitet).

---

68 Ebd., Bd. 3, S. 247.

Zähnestochern ist ein Selbstmord (S. 54, 8 f.): Bis ins ausgehende 19. Jahrhundert galt der Zahnstocher als gefährliche Mode von Aristokraten und Höflingen. Die beste Zahnpflege werde durch das sorgfältige Ausspülen des Mundes mit Wasser oder desinfizierendem Mundwasser geleistet. Dazu gehöre eine nicht zu harte Zahnbürste und ein zweckdienliches Zahnpulver. (Vgl. Brockhaus Konversations-Lexikon, Berlin und Wien 1895, Bd. 16, S. 910). Wenzeslaus, der das Ausspülen empfiehlt, weist Läuffer nach, wie unnatürlich er im Schatten des Adels gelebt hat.

wie Kain ..., unstet und flüchtig (S. 55, 5 f.): „unstet und flüchtig" lautet die Formulierung in 1. Mose 4, 12, als Kain zur Heimatlosigkeit verflucht wird, weil er seinen Bruder Abel ermordete.

Die Russen sollen Krieg mit den Türken haben (55, 6 f.): Das Streben Katharinas II., Polen völlig zu unterwerfen, reizte das Osmanische Reich. Als es 1768 von polnischen Gegnern Russlands um Hilfe gebeten wurde, entschloss sich die Türkei zum Krieg gegen Russland. Nachdem im Frühjahr 1769 die auf die russische Grenze ziehende türkische Armee am Dnjestr vernichtend geschlagen wurde (Otschakof), begann der Siegeszug der Russen, die die Moldau, die Walachai, die Krim und andere Gebiete eroberten und die türkische Seemacht vernichteten. Das Osmanische Reich schien unterzugehen, zumal sich an den Rändern selbstständige Staaten gebildet hatten. Nachdem Pascha Mustapha III. im Januar 1774 starb, rettete sein Bruder den erschütterten osmanischen Thron in einem verlustreichen Frieden.

Professor M–r (S. 55, 12): Georg Friedrich Meier (1718–1777) war Professor für Philosophie an der Universität Halle und begründete die Wissenschaft von der Ästhetik mit. Zwischen 1748 und 1750 erschien sein dreibändiges Werk *Anfangsgründe aller schönen Wissenschaften*.

griechisch werden (S. 56, 4): Er will den griechisch-orthodoxen Glauben der Russen annehmen.

Türkenpallasch, Victorie (S. 56, 28): (slawisch) Pallasch: türkischer Stichdegen mit langer, meist zweischneidiger Klinge; Sieg.

drei Lilien auf dem Rücken (S. 57, 18): Drei Lilien waren in den Wappenschilden der französischen Könige; schuldig gewordenen Dirnen wurden vom Henker diese Lilien auf die Schulter gebrannt.

die weißen Haare, Blut in den Augen (S. 58, 19 f.): Vgl. **rot und weiß** (S. 45, 23; S. 46, 14; S. 48, 11; S. 51, 36; S. 53, 12). Der symbolische Wert beider Farben, weiß als Farbe der Unschuld, rot als die der Liebe, wurde zum Zeichen der Trauer (weiß) und des Todes (rotes Blut), aus der Erotik Gustchens ist das Leiden des Vaters entstanden.

Bankozettel (S. 60, 25): etwa: Bankanweisung, Scheck.

in iure naturae, in iure civili, im iure canonico, im iure gentium (S. 61, 2 f.): lat. für Naturrecht, bürgerliches Recht, Kirchenrecht, Völkerrecht. Wenzeslaus beruft sich auf die Rechtsformen, die, wie das Natur- und Völkerrecht, erst von der Aufklärung und den Stürmern und Drängern verfochten und gegen feudal-absolutistische Willkür gesetzt wurden, wie es ausführlich in Diderots und d'Alemberts *Enzyklopädie* (1751–1772) geschieht: „Ich bin ein Mensch und habe keine anderen wirklichen unveräußerlichen Naturrechte als die der Menschheit." [*Enzyklopädie*, § Naturrecht (Droit naturel)]

in fine videbitur cuius toni (S. 61, 9): lat. „am Ende wird man sehen, wessen Tonart".

in amore omnia insunt vitia (S. 61, 17; S. 75, 1): lat. „in der Liebe liegen alle Fehler". Zitat aus der Komödie *Der Eunuch (Eunuchus)* von Publius Terentius Afer (Terenz; um 195–159 v. d. Z.) (vgl. Anm. zu S. 37, 5 ff.).

an einem Teich (S. 62, 8): Die 4. Szene im 4. Akt im *Hofmeister* hat Ähnlichkeit mit der Szene „Woyzeck an einem Teich. (Waldweg am Teich)." aus Georg Büchners *Woyzeck*. Dramaturgisch haben beide Szenen ähnliche Funktionen für die Handlung und führen zugespitzt auf den Abschluss zu. Büchner beschäftigte sich intensiv mit Lenz und seinem Werk, wie seine Novelle *Lenz* (veröff. 1839) zeigt.

Teekessel (S. 64, 27): Lenz bezeichnet triebhafte Männer so, wenn sie „sich selbst nicht beherrschen" können (S. 64, 27 f.). Er nahm eine entsprechende Bestimmung in seiner zweiteiligen theologischen Hauptschrift *Meinungen eines Laien den Geistlichen zugeeignet*, parallel zum *Hofmeister* entstanden, vor und schrieb ein Matthäus-Zitat (NT, Matthäus 5, 28 f.) variierend: „Wenn ihr kein Weib ansehen könnt, ohn ihrer zu begehren, Teekessel! Reißt euer Auge aus …"[69]. Fritz spricht Pätus' Triebhaftigkeit als dessen größten Makel an.

Konzertchen, Herr von Bergchen, Wechselchen, Lautchen (S. 65, 17 und 27; S. 67, 7; S. 68, 21; S. 72, 36 ff., S. 75, 24 ff.): Rehaar stammt vermutlich aus Ostpreußen, Livland oder Kurland; er war mindestens dort tätig (S. 66, 12 ff.), denn er schickt seine Tochter zu ihrer Tante nach Kurland (S. 67, 28 f.) und Königsberg (S. 75, 33 ff.). Die Diminutive sind typisch für den ostpreußischen Dialekt, entsprechen aber auch Rehaars unterwürfiger Art.

Otschakof (S. 65, 32): Stadt im Kreis Odessa; die zur Zeit Herodots griechische Festung wurde von den krimschen Chanen als Kara-kerman (Schwarze Festung) gegründet. Sie wurde dann eine wichtige türkische Festung, 1737 und 1788 von den Russen erobert und zum großen Teil geschleift. Als die Türken im Frühjahr 1769 über den Dnjestr zurückgeschlagen wurden, verteidigte sich die Festung gegen die Russen.

Herzog von Kurland (S. 66, 12 f.; S. 67, 28 f.): Kurland, zu den Ostseeprovinzen gehörig, wurde von den Kuren, Semgallen und Selen bewohnt; sie wurden im 13. Jahrhundert vom Deutschen Orden unterworfen. Bis 1561 gehörte es dem Deutschen Orden; dann wurde es vom Deutschen Reich abgetrennt und Erbherzogtum unter polnischer Oberlehnshoheit. Als Zarin Anna von Russland Ernst Johann Graf von Biron (1690–1772) 1737 zur Kurwürde verhalf, kam Kurland unter russischen Einfluss. 1763 setzte Zarin Katharina II. den inzwischen vertriebenen Biron erneut ein; er dankte 1769 zu Gunsten seines Sohnes ab, der 1795 das Herzogtum an Russland verkaufte. Rehaar meint den Grafen Biron.

---

69 Ebd., Bd. 2, S. 605.

Prinzen Czartorinsky (S. 66, 14): Adam Kasimir Fürst C. (1734–1823), General von Podolien, war Anwärter auf den polnischen Thron. Katharina II. setzte 1763 aber Stanislaus Poniatowski durch. C. wurde später österreichischer Feldmarschall und durch Napoleon Marschall des polnischen Reichstages.

Toujours content, jamais d'argent (S. 66, 35): frz.: Immer zufrieden, niemals Geld.

Hagar (S. 70, 26): Auf Weisung Gottes verstieß Abraham Hagar und beider Sohn, nachdem er „einen Schlauch mit Wasser ... auf ihre Schulter und den Knaben mit" gelegt hatte (1. Mose, 21, 14). Als der Schlauch leer war, bewahrte Gott sie vor dem Verdursten.

Sußchen, mein liebes Sußchen (S. 70, 33 f.): Es ist nicht der Name des Kindes, das ein Junge ist („Großsohn", S. 93, 20 und anderes[70]), sondern der Beginn eines alten Wiegenliedes „Suse, liebe Suse" in ostpreußischer Ausbildung.

frigidus per ossa (S. 73, 19): lat.: kalt durch die Gebeine.

Lineamenten (S. 73, 21): Lilien in der Hand oder im Gesicht, Gesichtszug.

kastriert (S. 73, 25): verschneiden, entmannen. Wenzeslaus' Glückwunsch zu der Tat ist ernst gemeint und keineswegs zynisch, wie oft vermutet wurde. Das wird durch den Verweis auf Origenes Adamantios (der Eherne, 185–254) deutlich: Der umstrittene griechische Kirchenvater und Philosoph entmannte sich in seiner Jugend, um Versuchungen zu entgehen. Läuffer ist damit den sexuellen Anfechtungen entronnen und kann im Rahmen der ihm verbliebenen Möglichkeiten sein Leben gestalten: „... vielleicht könnt ich itzt wieder anfangen zu leben" (S. 75, 18 f.).

Jubilate, Evoë (S. 73, 33): Nebeneinander stehen ein christlicher (lat.: Freuet euch) und ein heidnischer Jubelruf, den griechische Tänzerinnen ausbrachten.

---

70 In der Handschrift schreibt von Seiffenblase an Fritz Berg, Gustchen sei „in einen Teich gesprungen, nachdem sie vorher von einem Sohn ist entbunden worden". Vgl. Voit, S. 56.

Lots Weib, Sodom, Zoar (S. 74, 13 f.): Obwohl es ihr verboten war, schaute Lots Weib sich auf der Flucht in das friedliche Zoar nach der untergehenden Stadt Sodom um und erstarrte zur Salzsäule (1. Mose, 19, 16–26).

Essäer, Josephus (S. 74, 30 ff.): Die jüdische Sekte Essäer oder Essener forderte unter anderem Ehelosigkeit und Verzicht auf Notdurft am Sonntag (S. 74, 22 f.). Darüber berichtete Josephus Flavius in seiner Geschichte des jüdischen Krieges (2. Buch, 12. Kap. ff.). Die von Wenzeslaus dagegengesetzte Anekdote nach Luther (S. 74, 25) stammt aus dessen *Tischreden*. Die Bezeichnung „unter den blinden Juden" (S. 74, 17) rührt her von einem Gleichnis, das Christus auf die Menschen anwendete, die nicht an den Sohn Gottes glaubten: „mit sehenden Augen sehen sie nicht" (Matthäus 13, 13).

amore ...; lauro tempora cingam et sublimi fronte sidera pulsabit (S. 75, 1 ff.): Vgl. Anm. zu S. 61, 17. – Mit Lorbeer will ich seine Schläfen umwinden, und er wird mit erhobenem Kopf die Sterne berühren.

Königsberg (S. 75, 33): Kathrin Rehaar wurde zuerst von ihrem Vater zur Tante nach Kurland geschickt (S. 67, 28 f.); möglicherweise hat die Tante wie die von Bergs (S. 76, 12) in Königsberg ein Stadthaus. Allerdings war Kurland weiter als Insterburg von Königsberg entfernt: Die Grenze Kurlands war in ca. 150 km, die Hauptstadt Kurlands Mitau in ca. 500 km.

eine Ausländerin (S. 76, 26): Die Sächsin Rehaar ist im preußischen Königsberg Ausländerin; Preußen und Sachsen waren unabhängige Staaten im Verbund des Heiligen römischen Reiches Deutscher Nation (962–1806).

Krepanz (S. 76, 31): In Wörterbüchern, einschließlich des *Deutschen Wörterbuchs* der Brüder Grimm, nicht zu finden. Abgeleitet nach dem Modell „akzeptieren – Akzeptanz" von „krepieren" als dem stärksten Kraftwort für „sterben". Möglicherweise wird auch an „kreppen" für „ärgern" gedacht.

Brief bekommen (S. 77, 9): Briefe sind Hilfen für die Dramaturgie eines Stückes, besonders bei Intrigenstücken. Glänzende Intrigen mit Briefszenen konnten die Dichter bei Shakespeare lernen. Schiller beherrschte die Mittel des Intrigenstücks meisterhaft (*Die Räuber, Don Karlos*). Briefe eigneten sich wie die Mauerschau (Teichoskopie) oder der Botenbericht dazu, nicht oder schwer Darstellbares in die Handlung einzubringen.

Sie wollen mich im – (S. 79, 5): In der Handschrift stand noch in der zweimaligen Verwendung (S. 81, 26) „im Arsche lecken". Der Satz war durch Goethes *Götz von Berlichingen* (1773) berühmt geworden; er gehörte zum derben Redestil des Sturm und Drangs.

Lotterie (S. 79, 16): Seit dem Ende des Mittelalters verbreitet. In Holland am Anfang des 15. Jh., in Hamburg seit 1610 vorhanden: In Hamburg zuerst für die Errichtung des Zuchthauses genutzt. Seit 1767 war die Lotterie in Preußen staatlich monopolisiert. Wichtiger ist, dass hier, um die Handlung weiterführen zu können, überraschend die Lotterie ins Spiel gebracht wird als Vorbereitung auf den Deus ex Machina (s. S. 38 dieser Erläuterung).

Zerstreuungen (S. 79, 29): Gustchen beschreibt eine Besuchersituation, die an die einer Kurtisane oder Mätresse erinnert. Jungfer Rehaar lebt in einem Zentrum von Lustbarkeiten, „Zerstreuungen" und Besuchen. Es scheint, als habe ihr Vater mit der Verbannung nach Kurland/Königsberg das Gegenteil von dem bewirkt, was er bewirken wollte. Dass Gustchen, die schon Mutter ist, fürchtete, „zu unrechter Zeit" zu kommen, ist verständlich. Geheimrat von Berg will Jungfer Rehaar „in unser Haus" nehmen (S. 80, 27 f.) und reagiert damit auf die problematische Situation des Mädchens.

kalmäuserst du (S. 81, 23): in der Einsamkeit Grillen fangen, trübe Gedanken haben. Von „Kalmäuser" (Kahlmäuser, Klamüser) in der Bedeutung von Stubenhocker, armer Schlucker. Herkunft des Wortes wahrscheinlich deutsch: kahler Schleicher.

σχάνδαλον ἐδίδους, ἑταιρε! (S. 82, 25): griech.: Du hast Ärgernis erregt, Freund!

Evangelist Markus (S. 82, 30 ff.): Die vier Evangelisten (Autoren der vier kanonischen Evangelien, Neues Testament) wurden um 200 (durch Irenäus und Hippolyt) nach der *Offenbarung des Johannes* (S. 4, 7 ff.) mit vier Symbolen verbunden, die als geflügelte Wesen („... ein jegliches der vier Tiere hatte sechs Flügel") erscheinen: ein Tier mit einem „Antlitz wie ein Mensch" (Engel) = Matthäus, Kalb (Stier) = Lukas, Löwe = Markus, Adler = Johannes. Die „geflügelte Schlange" (S. 82, 33) ist der gefallene Engel: Nach dem Kampf zwischen Himmel und Hölle wurden der „Drache" und seine Engel besiegt und „ausgeworfen" auf die Erde, wo er als Drache, „alte Schlange", Teufel oder Satanas mit seinen Engeln „die ganze Welt verführt" (Offenbarung 12, 7–9).

kasuistisch (S. 83, 6): hier: auf den speziellen Fall Läuffers bezogen. Kasuistik ist die Lehre vom sittlichen oder religiösen Verhalten im Einzelfall.

Männern im Areopagus, Phryne (S. 84, 34 f.): griechische Hetäre im 4. Jh. v. d. Z. in Athen. Praxiteles hat ihre Schönheit mehrfach gestaltet. Als ein verärgerter Liebhaber sie anklagte, bewirkte ihr Verteidiger ihren Freispruch vor dem Areopag (höchstes Gericht), indem er sie sich vor den Richtern enthüllen ließ.

Pro deum atque hominum fidem! (S. 87, 10): lat.: Bei der Treue (Wahrhaftigkeit) der Götter und Menschen. Anschließend zitiert Wenzeslaus zuerst nur annähernd („... falscher Prophet! Reißender Wolf in Schafskleidern!"), dann wörtlich („Es muss ja Ärgernis kommen ...") Matthäus (7, 15 und 18, 7). Läuffer zeigt sich bibelfest und antwortet mit Matthäus („Wenn man mir dies Herz aus dem Leibe risse und mich Glied vor Glied verstümmelte", Matthäus 5, 30)

O tempora, o mores!, Valerius Maximus (S. 88, 4 ff.): lat.: O Zeiten, o Sitten! Wenzeslaus erzählt eine Anekdote über die Keuschheit (de pudicitia) aus Valerius Maximus' (14–37) *Denkwürdige Taten* *und Aussprüche* und verwendet dabei den lateinischen Originaltext: ut etiam ... = dass sie auch die Küsse rein ihrem Gatten darbringen sollte; Etiam oscula ... = Auch die Küsse, nicht nur die Jungfräulichkeit, auch die Küsse.

Mietling (S. 88, 19 f.): Im Gleichnis vom guten Hirten (Johannes 10, 12 f.) ist der M. der Gegensatz zum Hirten. Er verlässt seine Schafe, wenn der Wolf kommt, und flieht.

Connubium sine prole, est quasi dies sine sole (S. 89, 15 f.): Eine Ehe ohne Kind ist wie ein Tag ohne Sonne.

homuncio (S. 89, 34): lat.: Menschlein; kleiner elender Mensch.

Ritter von der runden Tafel (S. 91, 25): Gemeint sind die Ritter der keltischen Artusrunde, die sich unter anderem bedrängter, gefangener und verzauberter Jungfrauen annahmen.

2.6 Stil und Sprache

Lenz' Sprache ist typisch für den Sturm und Drang: Sie ist in Prosa, arbeitet mit dem Kontrast von deutscher und französischer Sprache, verwendet Umgangssprache – in diesem Falle ostpreußisch gefärbt („Männichen", S. 5, 28 u. a.) –, bezieht nichtsprachliche Zeichen in die Gestaltung ein (Auslassungspunkte, Gedankenstriche usw.). Die Zeichensetzung ist, verglichen mit späteren strengen Regeln, scheinbar willkürlich. Man richtete sich nicht nach grammatischen Regeln, sondern nach Sinneinheiten. So hatte es besonders Klopstock, der als Vorbild galt, empfohlen.

typisch für den Sturm und Drang

Ein von Lenz bevorzugtes Stilmittel ist der **Anakoluth** (Satzbruch). Dabei verlässt der Sprechende seine Satzkonstruktion, lässt sie auch unvollendet, und bringt andere Zusammenhänge ein. Bereits der erste Auftritt Läuffers ist davon geprägt: „... ich weiß nicht, soll das Satire sein, oder –" (S. 5, 17 f.). Bei der Majorin ist der Anakoluth Ausdruck ihrer ungenügenden Bildung. Sie verliert ständig den Faden: „Ich weiß nicht – es kann sein – ich habe nicht darnach gefragt, ja doch, ich glaub es fast ..." (S. 9, 32 ff.). Bei Wenzeslaus sind die Satzbrüche Ausdruck väterlicher Bemühungen um die ihm Anvertrauten und ermöglichen Wiederholungen: „Unterdessen, sag Er mich doch – Hofmeister – ... Nun ja, nach dem Rock zu urteilen. – Nun nun, ich glaub's Ihm, dass Er der Hofmeister ist." (S. 45, 19 ff.). Während Satzbrüche beim Geheimrat kaum zu finden sind, fallen sie beim Major besonders häufig auf und sind Ausdruck seines cholerischen Charakters (S. 44, 28 ff.; S. 57, 6 ff.; S. 63, 7 ff. usw.).

In der **Sprache wird die Fremdbestimmung** des Menschen fassbar: Kaum einer spricht „normal", sondern sie demonstrieren durch Sprache ihre soziale Stellung: Die Majorin setzt dafür das Französische ein, Wenzeslaus das Lateinische und Griechische. Im Gespräch zwischen Läuffer und Wenzeslaus bemühen sich beide um einen bildreichen Predigtstil (S. 82, 10 ff.). Die Studenten sehen sich ihrem studentischen Jargon bis hin zu derb-drastischen Formulierungen verpflichtet (u. a. S. 77, 1 ff. und besonders S. 79, 5; S. 81, 23 ff.). Der Geheimrat pflegt den rational-argumentativen Stil des Beamten (S. 80, 5 ff.). – Je mehr das Stück auf das Übermaß glücklicher Lösungen zusteuert, die mit Verlusten, Verzerrungen und Verzicht verbunden sind, desto mehr sprechen die Figuren in Versatzstücken des Neuen Testaments, verzichten also auf individuelle Prägungen: Das trifft für die Gespräche zwischen Wenzeslaus und Läuffer ebenso zu (S. 87, 10 ff.) wie für die zwischen Fritz Berg und seinem Vater (S. 90, 17ff.) sowie zwischen Fritz und dem Major (S. 94, 17 ff.).

Modern und neu an der sprachlichen Gestaltung ist der **hohe Anteil mimisch-szenischer Hinweise**, ohne dass Sprechtext notwendig ist. Einige Szenen leben vor allem vom beschriebenen Geschehen und bekommen dadurch ausgesprochen epischen Charakter, wie er bei Georg Büchner (*Woyzeck*), dann im deutschen Naturalismus (Gerhart Hauptmanns *Die Weber*) üblich wurde. Am meisten fällt es beim Selbstmordversuch Gustchens auf (4.4.–5.), bei der Begegnung Läuffers mit seinem Sohn (5.1.) und in der Ballung der glücklichen Lösungen (5.11–12.).

sprachliche Figurenprofile

Der *Hofmeister* ist für die Sprache Lenzens bedeutsam durch seine sprachlichen Figurenprofile:

Geheimrat von Berg hat das vielschichtigste und weitgespannteste. Er verfügt über den Fremdwortschatz der gebildeten Stände, er spricht metaphernreich und beherrscht dabei alle Stilebenen. Bei ihm drückt sich aufklärerisches Denken auch im Sprachlichen deutlich aus.

Wenzeslaus ist der Gegenpol. Was Berg für die gebildeten Stände darstellt, ist er für das Volk: redegewandt und redelustig, Redundanz zur Auffüllung der Rede und möglichen Wiederholung des Gesagten (typisches Verhalten eines Lehrers), pädagogisch geprägte Argumentation verstärkt durch Gelehrsamkeit (Zitate), metaphernreich auf einer volkstümlichen Ebene, die drastische Begrifflichkeit einschließt.

2.7 Interpretationsansätze

(Interpretationsansätze, vor allem im Zusammenhang mit dem historischen Hintergrund, finden sich bei den sachlichen und sprachlichen Erläuterungen 2.5, S. 54 ff. dieses Bandes)

Lenz glaubte und hoffte, mit seinem **Drama einen politischen Prozess** einzuleiten, der soziale Reformen als Ziel haben sollte. Der unmittelbare Anlass war die selbsterlebte Missachtung des bürgerlich-plebejischen Intellektuellen durch den Adel. Im Gegensatz zu einer erstarrten und sinnlos gewordenen Privaterziehung – Läuffers Auftraggeber weiß weder Aufgabenstellung noch Ziel der beabsichtigten Erziehung: „das wird sich schon finden" (S. 6, 11) –, plädierte Lenz für die öffentliche Schulbildung. Er verband damit die Entlarvung einer steril gewordenen Bildung der feudalen Schichten – geradezu satirisch baute er ein sinnlos gewordenes französisch geführtes Gespräch ein (S. 7 f.) – und analysierte die erstarrte ständische Struktur. Andererseits war der Beruf des Hofmeisters eine der ganz wenigen Möglichkeiten, um der sozialen Misere und vor allem der provinziellen Beschränkung zu entkommen. Lenz ging es fast immer um Erziehung und Pädagogik, so auch in diesem Drama. Er brachte den Nachweis, dass die Erziehung durch einen Hofmeister mehr Gefahren in sich trug als die öffentliche Bildung.

Lenz stellte in dem Drama die Beziehungen der Menschen dar. Es sind durchweg **zerstörende und demütigende Beziehungen**, die einmal sozial begründet, aber auf dieser Grundlage auch moralisch deformiert erscheinen. Man lebt einsam und übt sich in windschiefen Gesprächen, d. h. man redet aneinander vorbei oder tauscht sinnlose sprachliche Versatzstücke aus. Meisterlich demonstrieren das die Gespräche zwischen der Majorin und Graf Wermuth. *Der Hofmeister* wurde zur Tragikomödie der nichtgelebten oder verstümmelten Existenzen.

Beziehungen der Menschen

Die Menschen in Lenz' *Hofmeister* haben zudem keine Zukunft. Weder von Gott noch von der menschlichen Gemeinschaft können sie Hilfe erwarten. Die letzten menschlichen Prägungen werden aufgegeben: Es gibt keine Gefühle mehr, weil die Triebe zerstört wurden; es gibt keine Verständigung mehr, weil die Sprache auf Versatzstücke biblischer Herkunft reduziert wurde. Adlige Überlegenheit ist von stumpfer Unbildung abgelöst worden, bürgerliche Aufbruchstimmung in servile Unterwerfung übergegangen. Die Repräsentanten eines bürgerlichen Denkens haben sich durchweg selbst gerichtet: Läuffer hat sich entmannt, Wenzeslaus sich mit der geraden Schrift seiner Schüler zufrieden gegeben. Pätus rückt nach seinem Lottogewinn an die Stelle seines verbrecherischen Vaters, der traumschönen Lise („das Mädchen ist gefährlich", S. 84, 31) reicht es, das Geflügel füttern zu können: Lise ist die vollkommenste Umgestaltung eines schönen Menschen zur Karikatur, Läuffer die tragischste Darstellung der Vernichtung einer Begabung.

Das Stück wurde als Drama verstanden, in dem die Familieneinheit schließlich wiederhergestellt ist.[71] Diese These ist nicht zu halten. Einmal ist die Mutter aus dieser Familie verschwunden, zum anderen sind die Lösungen in beiden Familien Karikaturen eines normalen Lebens. Es hieße, die Sprengkraft des Stückes preiszugeben, nähme man die Lösungen ernst und als glückliche Lösungen –

Brechts Bearbeitung *Der Hofmeister* (s. S. 93 ff. dieser Erläuterung) und Bernd Alois Zimmermanns Oper *Die Soldaten* (nach Lenz' gleichnamigem Drama, Uraufführung 15. Februar 1965) wurden Beispiele für die soziale Determination des Menschen, der in Klassen – und nicht in Schicksalsvorgänge geboren wird. Beide, der marxistische Dramatiker und der bürgerliche Komponist, nutzten die bei Lenz vorgegebenen genauen Beziehungen zwischen den Menschen und setzten sie mühelos zur Gegenwart in Beziehung, die solche Beziehungen entweder erhalten oder reproduziert hat.

soziale Determination des Menschen

---

71 Vgl. Bengt Algot Sørensen: *Herrschaft und Zärtlichkeit*. Der Patriarchalismus und das Drama im 18. Jahrhundert. München: C. H. Beck, 1984, S. 169.

Ein zentrales Thema, das auf allen sozialen Ebenen erörtert wird, ist die Freiheit. Der

zentrales Thema Freiheit

Geheimrat sieht Freiheit abhängig von der Veränderung der Zeiten und am ehesten garantiert im gesellschaftlichen Auftrag an den Menschen, „dass er dem Staat nützen kann" (S. 20, 29 f.). Gibt er seine Freiheit um einer einzelnen Privatperson willen auf, begibt er sich in Sklaverei. Das gleiche Verständnis hat der Schulmeister Wenzeslaus: Freiheit ist nur im Rahmen der gesellschaftlichen Aufgabe möglich: „... ich bin an meine Schule gebunden, und muss Gott und meinem Gewissen Rechenschaft von geben" (S. 51, 7 ff.). Eine absolute Freiheit gibt es nicht. Die Positionen, die vom Geheimrat und von Wenzeslaus vertreten werden, entsprechen dem kategorischen Imperativ Immanuel Kants, der zeitlich später formuliert wurde. Lenz erweist sich als Aufklärer und als Vordenker klassischer Positionen, auch als Schüler Kants.

Die Häufung von glücklichen Lösungen am Ende schärft den Blick für die **Verluste**, wobei sich die Figuren als philosophisch geschulte Interpreten erweisen, die aus Verlusten Gewinne machen. Am deutlichsten sagt es der Major: „Bist ein Philosoph? Kannst alles vergessen?" (S. 94, 13 f.) Glück ist möglich als Bekenntnis zum Verlust und zur Verdrängung: Fritz bekennt sich zu seinem entehrten Gustchen, die durch ihre Beziehung zu Läuffer und das Kind ihm „noch teurer" (S. 94, 27), noch „englischer" (engelhafter) geworden ist. Lise weiß sich glücklich, weil sie keine Kinder bekommen wird, denn sie hat bereits „Enten und Hühner" zu füttern (S. 89, 22). Läuffer wird glücklich, weil er seine Geschlechtlichkeit verloren hat, die er nun als „tierische Triebe" (S. 89, 14) denunziert. Der alte Pätus wird glücklich (S. 93, 5), weil sein Verbrechen an seiner Mutter, das ihm seinen Reichtum brachte, legitimiert ist und die alte blinde Frau keine Ansprüche mehr stellt bzw. stellen kann. Der Major wird glücklich (S. 95, 4), weil er seiner Tochter „zur Gesellschaft" (S. 95, 3) Buße getan hat, womit der Vorgang lächerlich wird.

3. Themen und Aufgaben

Die Lösungstipps verweisen auf die Seiten der vorliegenden Erläuterung.

1) Thema: Der Beruf des Hofmeisters

Textgrundlage:
1. Aufzug,
1. Auftritt
Lösungshilfe:
S. 15 ff., 20 f., 54

▶ Beschreiben Sie die Tätigkeit eines Hofmeisters und nennen Sie die Probleme, die sich aus seiner Stellung ergeben.

▶ Welche Rolle spielte der Hofmeister im Bildungssystem jener Zeit und für das Leben des jungen Akademikers?

▶ Vergleichen Sie den Beruf des Hofmeisters mit ähnlichen Berufen (Schulmeister, Beamter), erklären Sie die Unterschiede und beziehen Sie die Ergebnisse auf den Text.

2) Thema: Zwischen Komödie und Tragödie

Textgrundlage:
das gesamte Stück
Lösungshilfe:
S. 27, 44 ff., 54

▶ Beschreiben Sie Lenz' unterschiedliche Gattungsbezeichnungen, erörtern Sie die tragischen und die komischen Elemente und gehen Sie dabei auf die Lösung ein.

▶ Konzipieren Sie aus den ersten drei Akten tragische Entwicklungen für Gustchen und Läuffer.

▶ Gegen Ende des Stücks fühlen sich alle „glücklich". Beschreiben Sie das Glück von Läuffer, Gustchen, Pätus und Lise und die zugehörigen Verluste.

▶ Erklären Sie den Begriff der Tragikomödie am Beispiel des Stücks.

3) Thema: Jakob Michael Reinhold Lenz und Bertolt Brecht

▶ Stellen Sie wesentliche Unterschiede zwischen beiden Stücken dar.

▶ Erklären Sie, warum Brecht die Handlung um ca. 30 Jahre verlegte und berücksichtigen Sie dabei die Französische Revolution.

▶ Welche Rolle spielt die Philosophie Kants? Wo erscheinen im Stück Thesen Kants?

▶ Warum entmannt sich Läuffer bei Brecht erst nach der zweiten Verführung (Lise)?

Textgrundlage:
beide Stücke
Lösungshilfe:
S. 93 ff.

4) Thema: Zwischen Aufklärung und Klassik

▶ Erklären Sie charakteristische Züge von Aufklärung, Sturm und Drang sowie Klassik.

▶ Welche Züge hat Lenz' *Hofmeister* von der jeweiligen Strömung aufgenommen und welche bedient er nicht?

▶ Erläutern Sie die besondere Rolle Straßburgs in Lenz' Entwicklung.

Textgrundlage:
das gesamte Stück
Lösungshilfe:
S. 15 ff., 41 ff.,
77 ff.

5) Thema: Die bildungstheoretischen Exkurse

▶ Welche Rolle spielen die Exkurse im Aufbau des Stückes?

▶ Berichten Sie, was in den Exkursen besprochen wird.

▶ Bewerten Sie das Verhältnis von Exkurs und dramatischer Handlung.

Textgrundlage:
die bildungstheoretischen
Exkurse, s. S. 46 f.
dieser Erläuterung
Lösungshilfe:
S. 46 f.

> ▶ Nehmen Sie sich einen Exkurs vor und for-
> mulieren Sie ihn zum Thesenpapier um, in
> dem Sie die Forderung einer Gruppe zu der
> Ihren machen und dafür argumentieren.

**6) Thema: Die Geschlechtlichkeit des Men-
schen**

Textgrundlage: das
gesamte Stück
Lösungshilfe:
S. 17 ff.

▶ Beschreiben Sie die Auffassung von Lenz von
der Sexualität des Menschen.

▶ Wie werden die einzelnen Figuren von der
Sexualität bestimmt?

▶ Beschreiben Sie die Verluste und Reduktionen der Figuren.

▶ Erklären Sie den Zusammenhang von Sexualität und Besitz aus Lenz' Sicht.

4. Rezeptionsgeschichte

4.1 Allgemeine Rezeption

Nach seinem Erscheinen wurde der *Hofmeister* gelobt und mehrfach mit Stücken Shakespeares verglichen. Viele, darunter Christian Daniel Friedrich Schubart, hielten **Goethe für den Verfasser**. Der dementierte schon vor dem Erscheinen: „Ihr hört am Titel, dass es nicht von mir ist.", ergänzte aber: „Es wird euch ergötzen."[72] Lenz hat keines seiner Theaterstücke auf der Bühne gesehen, obwohl sie zu seinen Lebzeiten gespielt wurden. Friedrich Ludwig Schröder führte den *Hofmeister* in Hamburg am 22. April 1778 erstmals auf, das galt als Wagnis. Schröder hatte indessen die 35 Szenen auf 28 gekürzt, von den 24 Personen blieben nur 10 übrig. Aus dem sarkastisch-satirischem Angriff auf die zeitgenössischen Bildungssysteme wurde eine simple Liebesgeschichte, in der es kein uneheliches Kind gab, daher auch kein Problem und keine Kastration, dafür ein Happyend: Läuffer bekommt einen Adelsbrief versprochen und darf Gustchen heiraten. In Schröders Bearbeitung, die wenig von Lenz' Absichten erhielt, wurde das Stück danach auch in Berlin aufgeführt, aber nach empörten Zurufen aus dem Publikum abgesetzt. Dass der *Hofmeister* in Hamburg und Berlin „sogar auf die Bühne gebracht" worden sei, dünkte Hettner hundert Jahre später „unbegreiflich"[73]. Zwischen 1780 und 1791 wurde er in Mannheim in der Schröder'schen Verballhornung insgesamt elfmal gespielt, meist mit August Wilhelm Iffland als Geheimem Rat.[74] Im April 1796 bestellte sich Friedrich Schiller neben einigen Werken Goethes Lenz' *Hofmeister* und *Soldaten* bei Cotta. In dieser Zeit entschloss sich Schiller für die Arbeit am *Wallenstein* und brachte „an des Jahrhunderts ernstem Ende" „der Menschheit

---

72 Goethe am 6. März 1774 an Ernst Theodor Langer. Vgl. Voit, S. 94.

73 Hettner, Bd. 2, S. 187.

74 Vgl. Mayer, S. 114 und Verweis auf Elisabeth Genton: *Jacob Michael Reinhold Lenz et la scène allemande*. Paris: Didier, 1966.

große Gegenstände" (Prolog zu Schillers *Wallensteins Lager*, V. 61 ff.) in diese Dichtung ein; die von Lenz apostrophierte Bildung war durchaus ein solcher großer Gegenstand.

Zeitgenossen und nachfolgende Autoren sahen *Der Hofmeister* als

Lenz' „merkwürdigste und hervorragendste Schöpfung"[75]. Ludwig Tieck bemühte sich um Lenz' Werk und gab 1828 eine erste Lenz-Ausgabe in drei Bänden heraus.[76] In der Einleitung wurde in einem fiktiven Gespräch dem *Hofmeister* als einzigem Werk Lenzens größere Aufmerksamkeit geschenkt, aber er wurde eher missverstanden, billigte man doch dem deutlich satirisch-karikierendem Schluss zu, er sei weniger verzweifelnd als in anderen Werken des Dichters. Wesentliche Wirkung von Lenz ging durch Tieck auf **Georg Büchner** aus, der Lenz zur Titelgestalt einer der berühmtesten deutschen Erzählungen machte[77], aber auch als Dramatiker die direkte Nachfolge antrat und das Modell des simultanen Dramas in die Moderne führte.

Das Bild von Lenz wurde wesentlich geprägt von Goethes Beschreibung, die fast 50 Jahre nach der Begegnung beider entstand. Der Text variierte das Wort „seltsam" und stellte abwehrend fest: „Seine Gesellschaft war nicht die meine."[78] Auch an anderer Stelle beschrieb Goethe ihn als „seltsamstes und indefinibelstes (unerklärbarstes, rätselhaftestes) Individuum"[79] und schon bei seiner Ankunft in Weimar stellte Goethe Frau von Stein Lenz mit den Worten vor: „Sie werden das kleine, wunderliche Ding sehen und ihm gut werden" (5. April 1776).

Goethe fühlte sich auch nach der langen Zeit belastet und glaubte, Lenz habe versucht, ihm „zu schaden und mich in der öffentlichen

---

75 Hettner, Bd. 2, S. 187.

76 Ihr wurde ein Folgenreichtum nachgesagt, den sie nicht hatte: Vgl. Klaus Günzel: *König der Romantik*. In: DIE ZEIT Nr. 17, 16. April 2003, S. 80.

77 Vgl. dazu: Georg Büchner: *Lenz*. (Originaltext, Interpretation, Biografie, Materialien). LiteraMedia. München: Terzio Verlag, 1998.

78 Goethe: *Aus meinem Leben. Dichtung und Wahrheit* (11. Buch) In: ders.: Poetische Werke. Berliner Ausgabe. Bd. 13. Berlin: Aufbau-Verlag, 1960, S. 533.

79 Goethe: *Lenz* (um 1813). In: ders.: Poetische Werke. Berliner Ausgabe. Bd. 16. Berlin und Weimar: Aufbau-Verlag, 1964, S. 393.

Meinung und sonst zugrunde zu richten"[80]. Die größtmögliche Distanz, die Goethe zu Lenz herzustellen versuchte, wurde erkennbar, als er Abstriche am eigenen großen Vorbild Shakespeare vornahm, um Lenz zu beschreiben: „Niemand war vielleicht eben deswegen (der Seltsamkeiten, R. B.) fähiger als er, die Ausschweifungen und Auswüchse des Shakespeareschen Genies zu empfinden und nachzubilden."[81] Auch in anderen Zusammenhängen wies Goethe auf das kränkelnde Talent des Dichters hin[82] und bescheinigte den Lösungen seiner Dichtungen und seinen Reformentwürfen, sie seien „lächerlich und unausführbar". Da Lenz das soziale Handeln als Wert für sich vorgesehen hatte, war das ein vernichtendes Urteil.

Im 19. Jahrhundert war bei der Vermittlung eines klassischen Literaturverständnisses für Lenz kaum Platz. Seine Werke galten als unsittlich, an-stößig, wirr und krank. „Borniert Literar-

> Lenz' Werke galten als unsittlich, anstößig, wirr und krank

Historiker ... zerrten in wahnwitziger Verblendung den Namen des Dichters in den Kot, indem sie ihn u. a. ihrem gläubigen Philisterpublikum als roh und unsittlich denunzierten."[83] **Die Vermittlung eines beschädigten Lenz-Bildes** wurde von Hettners *Geschichte der deutschen Literatur im achtzehnten Jahrhundert* weitergeführt. Dabei waren seine Urteile keineswegs die schlimmsten und bösartigsten, vergleicht man sie mit den Urteilen von Georg Gottfried Gervinus, Dünzer („dieser geistlose Dutzendscribler"[84]) bis Friedrich Gundolf. Hermann Hettner war berühmt wegen seiner Seriosität und Solidität; im Falle Lenz' versagte er: Er ließ keinen guten Faden an Lenz, „den Affen Goethes". Er kam zwar nicht umhin, den *Hofmeister* für seine „merkwürdigste und hervorragendste Schöpfung" zu halten, setzte

---

80 Goethe: *Besuch in Sesenheim 1779*. In: ders.: Poetische Werke. Berliner Ausgabe. Bd. 16. Berlin und Weimar: Aufbau-Verlag, 1964, S. 394.

81 Ebd., Bd. 13, S. 533.

82 Ebd., Bd. 13, 14. Buch, S. 644.

83 Karl Ludwig (d.i. Wilhelm Arent): *Reinhold Lenz*. Lyrisches aus dem Nachlass. Mit Silhouetten von Lenz und Goethe. Berlin: Kamlah, 1884, S. VIII.

84 Ebd.

aber dagegen, dass sein Schöpfer „in ungezügelter Großmannssucht"[85] untergegangen sei. Seinen Dramen fehle das

> „*Form- und Kompositionsgefühl. Statt Tiefe der Empfindung und Leidenschaft verwilderte Frechheit; statt lebensvoller packender Charaktere dilettantisches Zusammenwürfeln der verschiedenartigsten, oft einander grell widersprechenden Motive und geflissentliches Aufsuchen des Ungeheuerlichen und Hässlichen.*"[86]

Am Ende des 19. Jahrhundert wurden Lenz und sein *Hofmeister* scharf von der seriösen Bürgerlichkeit abgelehnt, die in ihm einen Zerstörer von Sitte und Sittlichkeit, Anstand und Manieren sah.[87] Das wiederum löste Fürsprache im antibürgerlichen Lager aus: **Peter Hille** (1854–1904), der Dichter der Randgruppen und Außenseiter, beklagte sich über die „Literaturschulmeister", „die sich sittlich erblöden über die Günther, Lenz und Grabbe, da wo es auf kulturpsychologische Analyse ankommt"[88]. Dagegen bedränge ihn „in echt pennalmäßiger Abälard-und-Lenz-Hofmeister-Weise" seine „gewaltsam unterdrückte Üppigkeit schwellender Säfte"[89]. Lenzens Hofmeister bedeutete dem erotisch Bedrängten Orientierung und Hilfe. Der kluge dänische Literaturwissenschaftler Georg Brandes dagegen, der sich energisch für die Naturalisten einsetzte, sah in Lenz nur einen Menschen voller „Launen, Grillen und absonderliche(r) Einfälle", einen Dogmatiker und Besessenen, über dessen *Hofmeister* er meinte:

> „*Die Charaktere wanken und wechseln von Akt zu Akt. Zuerst zeigt sich der junge Hofmeister träge und knechtisch und dem Fräulein gegenüber abstoßend kühn; dann nur als ein winselnder Jämmerling; dann von Reue zerknirscht bis zu seiner Selbstentmannung; dann durch die unschuldige Liebe, deren Gegenstand er ist, zu neuem Leben erwa-*

---

85 Hettner, Bd. 2, S. 184

86 Hettner, Bd. 2, S. 187.

87 Vgl. ebd., S. 190.

88 Peter Hille: *Louvier: Der Faustdeuter*. In: ders.: Gesammelte Werke, hrsg. von Friedrich und Michael Kienecker. Essen: Ludgerus Verlag, 1986, Bd. 5, S. 273.

89 Peter Hille: *Tauseele. Calom Kaiser!* In: ders.: Gesammelte Werke, hrsg. von Friedrich Kienecker. Essen: Ludgerus Verlag, 1984, Bd. 1, S. 254.

chend. Die Tendenz des Stückes ist eine kindisch moralisierende, eine
Warnung, Hauslehrer in die Familien aufzunehmen; denn man weiß
nie, was daraus entstehen kann."[90]

Brecht hatte wegen solcher Urteile für seine Bearbeitung des *Hof-*
meisters auch als zusätzliche Aufgabe gegenüber Hans Mayer gesehen: „Die Unterdrückung Lenzens durch die Literaturgeschichte
muss man aufzeigen."[91]

Wegen der bürgerlichen Angriffe und der Vernachlässigung wurde
Lenz von den jungen Naturalisten bewun-
dert. Seine Wiederentdeckung verlief pa-
rallel mit der Georg Büchners. Die Zeitschriften der Naturalisten,
allen voran die *Gesellschaft*, entwickelte eine Traditionslinie, die sich
entschieden von Klassik und Klassizismus absetzte. Im 1. Jahrgang
der *Gesellschaft* (Nr. 48) setzte Wilhelm Arent 150 Mark für die beste
Monografie über Lenz aus und die Zeitschrift kommentierte, die
Arbeit solle „den genialen deutschen (eigentlich livländischen) Dichter Jakob Michael Reinhold Lenz, den unglücklichen Rivalen
Goethes, in seiner Eigenart als Lyriker oder Dramatiker auf Grund
des vorhandenen Materials" charakterisieren.[92] In der Programm-
schrift des deutschen Naturalismus *Revolution der Literatur* von Carl
Bleibtreu (1886) wurde Lenz zum Maßstab erhoben: „An Lenz wird
der moderne Naturalismus der Zukunfts-Dramatik viel zu lernen und
zu studieren haben."[93] Das Beispiel dafür war für Bleibtreu *Der Hof-*
meister, dessen „Tiefblick für das Tragische" weit über allen anderen,
auch über Goethe und Schiller, stehe. Selbst die „künstlerisch ver-
fehlten Produkte" des Dichters seien „an unmittelbarer Wahrheit, an
wirklicher Lebenskenntnis und Charakteristik ... immer noch uner-
reicht". Die Naturalisten faszinierte an Lenz der **freizügige künstle-**

Wiederentdeckung

---

90 Georg Brandes: *Goethe*. Berlin: Erich Reiss Verlag, 1922, S. 104.

91 Bertolt Brecht: *Briefe 1913–1956*. Berlin und Weimar: Aufbau-Verlag, 1983, Band 1, S. 604.

92 *Kunst- und Literatur-Notizen*. In: Die Gesellschaft. Realistische Wochenschrift hrsg. von M. G. Conrad,
     1. Jg. 1885, Nr. 48, S. 910.

93 Carl Bleibtreu: *Revolution der Literatur* (1886), neu hrsg. von Johannes J. Braakenburg. Tübingen: Max
     Niemeyer Verlag, 1973, S. 4.

rische Umgang mit der Geschlechtlichkeit, die Darstellung des Hässlichen und die Charakterisierung der Menschen durch Abseitiges und Zerstörtes (Kastration des Hofmeisters!). Entgegen kam ihnen auch Lenz' Theorie, dass die dramatischen Gestalten nicht Ausdruck einer Künstlerschaft, sondern eines Charakters seien, der die Handlung bewege, dass ein Drama nicht merkwürdige Begebenheiten bewahre, sondern merkwürdige Personen. Selbst vom offiziellen Theaterbetrieb, in dem Lenz immer noch keine Heimat fand, löste man sich und konzipierte eine Tradition des Buchdramas, die „mehr den Forderungen der realistischen Kunst entspricht als das Bühnendrama". Diese Tradition werde gebildet durch „Lenz, Grabbe, Kleist, Georg Büchner u. a."[94] Als Eugen Wolff, einer der jungen Naturalisten und einer ihrer Theoretiker, den Versuch einer Zusammenschau mit seiner *Geschichte der Deutschen Literatur in der Gegenwart* (1896) machte, nahm er Lenz als Vorläufer für Anzengruber auf, sah ihn als Genie, das „mit Vorliebe das Verhältnis der Geschlechter" behandele, eine typisch naturalistische Zusammenschau und Themenstellung,

Wilhelm Arent

und beschrieb schließlich Wilhelm Arents Versuch, eigene naturalistische Gedichte als solche unter dem Namen des „Schutzheiligen" Lenz dem Publikum anzubieten.[95] Arent hatte 1884 nicht nur eine solide biografische Übersicht geboten, die vorhandene Sekundärliteratur gründlich ausgewertet und auf Nachlässe verwiesen[96], angebliche Texte Lenz' hinzugefügt und durch Materialien zu Goethe und Friederike ergänzt, sondern auch die Dichtungen von Lenz begeistert beschrieben: „Die Lenz'schen Dramen sind in jeder Szene durchzittert von eminentdramatischem Nerv. Ihre dämonische Analyse greift an's Herz, ohne dass wir uns dagegen wehren können."[97] Je mehr sich naturalistische Schriftsteller bemühten, Lenz in eine neu entwickelte Traditionslinie zu stellen, wie auch der Berliner Kreis um die Gebrüder Hart, desto

---

94 Julius Hillebrand: *Naturalismus schlechtweg!* In: Die Gesellschaft, München 1886, Jg. 2, Heft 4, S. 236.
95 Eugen Wolff: *Geschichte der Deutschen Literatur in der Gegenwart.* Leipzig: S. Hirzel, 1896, S. 328.
96 Karl Ludwig (d.i. Wilhelm Arent): *Reinhold Lenz. Lyrisches aus dem Nachlass. Mit Silhouetten von Lenz und Goethe.* Berlin: Kamlah, 1884.
97 Ebd., S. XII.

schroffere Verdikte entstanden, die schließlich in Lenz' Einordnung unter die *Verirrten Deutschen* von Moeller van den Bruck,

Einordnung unter die
Verirrten Deutschen

einem Zeitgenossen des Naturalismus, aber auch einem geistigen
Vorläufer des Nationalsozialismus, gipfelte. Sahen die Naturalisten in
Lenz einen Dichter, der ihren Forderungen nach Wahrheit und Natur, nach genauer Beschreibung von Situationen und Personen entsprach, so galt Lenz den Konservativen als ein Entwurzelter, Diszi-
plinloser und Gescheiterter, was dem *Verirrten Deutschen* ziemlich
nahe kam.

Lenz wirkte aus der naturalistischen Renaissance auf bedeutende
deutsche Dramatiker wie Gerhart Hauptmann, Frank Wedekind und
Carl Sternheim, oft in der Zusammenschau mit Georg Büchner.

Der Nationalsozialismus hatte für Lenz keinen Platz. In dem Abriss
Ostpreußische Dichtung wurden viele genannt, die in Königsberg studiert, von Kant gelernt, Hamann bewundert und von Herder profi-
tiert hatten, nicht mit einem Wort wurden Lenz oder sein *Hofmeister*,
der großteils im ostpreußischen Insterburg bzw. Königsberg und
Heidelbrunn spielt, erwähnt.[98] Josef Nadlers riesige Literaturgeschichte erwähnte den *Hofmeister* ebenfalls nicht, von Lenz nur das Bruch-
stück *Katharina von Siena*. Lenz war für Nadler ein Vorläufer der
Romantik auf dem Wege zu den „todesdunklen Mysterien dieses
rätselhaften deutschen Ostens"[99]. Damit verfälschte Nadler Lenz
ebenso wie andere, z. B. Peter Hille, die er in eine Tradition fügte, die
auf die Mystik der deutschen Seele, der deutschen Rasse und des
Führertums hinauslief.

Nach dem Zweiten Weltkrieg begann eine
Lenz-Renaissance, Ausgaben reihten sich

Lenz-Renaissance

und die wissenschaftliche Beschäftigung nahm seit 1950 zu. Eva
Nahke, die sich als erste Wissenschaftlerin nach 1945 des Werkes
Lenz' annahm, vermerkte, dass durch Brecht „der von der offiziösen

---

98 Walther Ziesemer: *Ostpreußische Dichtung*. Königsberg: Gräfe und Unzer, 1939.
99 Josef Nadler: *Literaturgeschichte des deutschen Volkes*. Berlin: Propyläen-Verlag, 1938, Bd. 2, S. 264.

Germanistik vernachlässigte und von der konservativ nationalliberalen und faschistischen Ideologie aus der Literaturgeschichte verbannte Dichter" in das Zentrum des öffentlichen Interesses gerückt wurde.[100] Trotzdem blieben gegensätzliche Bewertungen auch bei vergleichbarer Denkweise nicht aus. **Christoph Hein** (geb. 1944), einer der bedeutendsten und wichtigsten deutschen Schriftsteller der Nachkriegsgeneration, sieht in Lenz den „Autor des gerühmten *Hofmeister*, als dessen Verfasser man zeitweilig Goethe in Betracht gezogen hatte"[101]. Den „*neuen Menoza*" bearbeitete Hein (s. S. 106 dieser Erläuterung). **Peter Hacks** (1928–2003) dagegen, neben Heiner Müller der bedeutendste Brecht-Schüler, hatte nur Zynismus für den „kleinen Poeten, auf den es sonst nicht ankommt", übrig.[102] Die ungewöhnliche Verurteilung und die in diesem Zusammenhang geäußerte kaum zu übersteigernde Abwertung („Pumpgenie", „geborener Schmarotzer", „Faulheit", „Offiziersdiener", „Größenwahn" usw.) erklären sich: Hacks sah sich als sozialistischen Klassiker in direkter Nachfolge des Klassikers Goethe. So wie dieser einst Lenz aus, Weimar verbannte, schied Hacks Lenz aus seiner Literaturtradition aus, wie er es auch mit allen anderen tat (Heiner Müller), die seiner Auffassung von einer sozialistischen Klassik und einem sozialistischen Klassiker Hacks nicht folgten. Dennoch hatte Hacks bei seiner umfangreichen Verurteilung Lenz' einen interessanten Gedanken, der im Kern nicht von ihm stammte, schon bei Wilhelm Arent 1884 zu finden war und den selbst der *Spiegel* kolportierte[103], den Hacks aber konsequent zu Ende dachte:

> „*Der Nachwuchsdichter Jacob Michael Reinhold Lenz küsst die Fürstin und wird hierfür von Hofe verwiesen. Das ist es, wovon Goethes ‚Tasso' berichtet, und das ist es, was am 25. 11. 1776 in Weimar geschah.*"[104]

---

100 Eva Nahke: *Ein Brief über das Umfeld der „Hofmeister"-Ausstellung 1950.* In: Kaufmann, S. 127.

101 Christoph Hein: *Waldbruder Lenz.* In: ders.: Öffentlich arbeiten. Essais und Gespräche. Berlin und Weimar: Aufbau-Verlag, 1987, S. 82.

102 Peter Hacks: *Lenzens Eseley.* In: ders: Die Maßgaben der Kunst. Gesammelte Aufsätze 1959–1994. Hamburg: Edition Nautilus, 1996, S. 372.

103 o. V.: *Weibchen erkannt.* In: Der Spiegel 5/ 1994, S. 178 f.

104 Ebd., S. 385.

Hacks erklärt Goethes *Tasso* als Stück über den „verrückten" Lenz, nicht als ein Stück über Goethe. Vielmehr habe sich Goethe in der Gestalt des Ministers Antonio ein „Eigenbild" geschaffen.

Oft haben Dichter ihr eigenes Schicksal mit dem von Lenz und seinem *Hofmeister* verglichen. Peter Huchel (*Lenz*, 1927) und Johannes Bobrowski sind dafür Beispiele. In Bobrowskis Gedicht *J. R. M. Lenz*[105] (1963) wird auch der *Hofmeister* erwähnt: „Dass die Hauslehrer / ein Pferd brauchen. Die Offiziers / auch irgend so etwas." Hier wird im Bilde das beide Stücke vereinigende Thema der Sexualität angesprochen, wobei das Pferd metaphorisch eine mehrfache Bedeutung bekommt. Aber auch die Jüngeren stellten sich dieser Tradition. Dabei griffen sie oft auf Georg Büchners *Lenz* als eine Vermittlungsstation zurück, montierten Zitate aus den Werken Lenz' hinein, wie bei **Gerd Adloff** (geb. 1952, Germanistik-Studium, wissenschaftlicher Mitarbeiter). Er offerierte in seiner Poetik, beschrieben im Gedicht *Ein Gedicht*, der Leser solle „das Gedicht im Gedicht" entdecken. Er hat mit seinem *Lenz*-Gedicht dafür ein Beispiel geschaffen:

> „Lenz
>
> *Noch einmal*
> *den Kopf an die Grenze der Zeit schlagen*
> *an den Himmel*
> *Laken, Leichentuch, Gottes Auge.*
> *Wie leben*
> *Wenn die eigene Brust weiter ist*
> *als die Welt.*
> *Mit ein paar Schritten zu durchmessen*
> *und doch kommt man nicht an,*
> *Warum sich bescheiden*
> *in solch ein Leben,*
> *Warum nicht gehen?*

---

105 Die Umstellung im Titel *J. R. M.* statt J. M. R. erklärt Ulrich Kaufmann als Absicht, um die „Zerrissenheit Lenzens" darzustellen. Vgl. Kaufmann, S. 133.

> *Warum nicht leben*
> *dahin ...*"[106]

Es sind zahlreiche Anspielungen auf Texte von Lenz zu finden, darunter auch Hinweise auf den *Hofmeister*. Das Laken (des Bettes) ist sowohl Hinweis auf das sexuelle Treiben Läuffers mit Gustchen als auch auf seine Selbstentmannung (im Bett), Laken steht für Bett (S. 33, 30) und Sarg (S. 73, 9).

Oper

1990 wurde während der 2. Münchener Biennale die Oper *Le Précepteur/Der Hofmeister* von Michèle Reverdy uraufgeführt; das Libretto hatte der bekannte Schriftsteller Hans-Ulrich Treichel (*Der Verlorene*) geschrieben.

Übersetzt wurde das Stück selten: Zu Lebzeiten Lenz' ins Dänische (1777), danach ins Französische (1963) und Englische (1972).

---

106 In: ndl (Neue Deutsche Literatur), 27. Jahrgang, Berlin 1979, Heft 11, S. 134. – Später in: Gerd Adloff: *Fortgang*. Berlin: Verlag der Nation, 1985, S. 11.

4.2 Bertolt Brecht: *Der Hofmeister*

Keine Kritik oder literaturgeschichtliche Würdigung hat die Wirkung des Dramas so beeinflusst wie Brechts Bearbeitung. Es wirkte sich auch die Masse des Materials aus: Brechts Bearbeitung bestand aus dem Text für das neue Stück *Der Hofmeister*, aus Notaten *Über das Poetische und Artistische* im Kontext des Stückes, umfangreichen Notaten unter dem Aspekt des epischen Theaters, Materialien für ein Modell, veröffentlicht im Band *Theaterarbeit*, einer Ausstellung mit historischen Materialien zum Stück, Vorträgen (u. a. von Hans Mayer) und zeitgenössischen Veröffentlichungen. Je weiter sich Leser und Literaturwissenschaft von dem Datum der Premiere 1950 entfernen, desto deutlicher ist zu sehen, dass Brecht den *Hofmeister* als seinen spezifischen Beitrag zum Goethe-Jahr 1949 verstanden und gleichzeitig als seine historische Erfahrung mit deutscher Geschichte zu vermitteln versucht hatte. Dabei lagen ihm Dichter wie Lenz, Kleist, Hölderlin und Georg Büchner am Herzen, die nicht Goethes Erwartungen entsprachen oder die er fast instinktiv zurückwies.

Wie Hans Mayer Lenz mehrfach als **die Alternative zur Weimarer Klassik** bezeichnet hatte[107], so sah Brecht in Lenz die Alternative zu Goethe. Brecht

Pendant zu Goethe

bediente sich eines vorhandenen Textes (Materials), um mehrere Botschaften zu vermitteln: die von den sozialen Gegensätzen, die vom Aufstand der Sinne im Menschen und die von der Unfähigkeit zur Toleranz, die zwar als geistiger Entwurf vornehmlich in Deutschland, aber nicht als notwendige Voraussetzung für demokratisches Denken in Deutschland entwickelt wurde. Dem philosophischen Diskurs wurde in Brechts Stück sehr viel größerer Raum als bei Lenz gegeben, die Texte, mit denen sich die Studenten beschäftigen, und ihr Schöpfer – Kant – wurden genauer benannt und angewendet. Die den erkennbaren geistigen Entwürfen gegenübergestellte Wirklichkeit von Insterburg erscheint als schroffer Gegensatz und ist dennoch

---

107 Vgl. Mayer, S. 133 ff.

nichts anderes als die deutsche Wirklichkeit zu Zeiten Lenz'. Die Schlussworte Brechts zielen auf den Gegenentwurf, der für den Zuschauer nicht präsent ist, sondern von ihm erdacht und gedacht werden muss: „Schüler und Lehrer einer neuen Zeit / betrachtet seine Knechtseligkeit / Damit ihr euch davon befreit!"[108]

Der philosophische Diskurs in Brechts Stück beschreibt einen Gegenentwurf, der auf Liebe und Sinnlichkeit zielt. Lenz' Hoffnung war es zeit seines Lebens, geliebt zu werden. Aber er bekam das Gefühl stets nur aus zweiter Hand. Radikaler Liebesverzicht bis zur Selbstverstümmelung im *Hofmeister* war deshalb das Schicksal Lenz'scher Gestalten. Für Brecht war dieser Liebesverlust nicht an die Individualität Läuffers gebunden, sondern Folge seiner sozialen Stellung, seiner Knechtschaft und der Knebelung der Sinne. Während im philosophischen Diskurs die Freiheit der Sinne verkündet wird und die Studenten Pätus und Bollwerk diese Freiheit auch nach ihrem Verständnis genießen, ist sie in „Insterburg" unbekannt, unerwünscht und fällt trotz der „sexuellen Gewecktheit" der „Gehemmtheit der Mädchen" zum Opfer. (B 220)

Für Brecht gab es zahlreiche Ansatzpunkte

Für Brecht gab es zahlreiche Ansatzpunkte. Einmal galt Lenzens Stück als episierend, eine Form, die Brecht interessieren musste, schon um des eigenen Anspruchs willen, eine Dramaturgie des epischen Theaters geschaffen und sie im *Kleinen Organon für das Theater* (1949) vorgelegt zu haben. Auch wenn er das als Polemik und Gegenentwurf zu Aristoteles verstand, führte er eine Kategorie konsequent weiter, die der Fabel, die *erzählt* werden müsse. Das hatte zur Folge, dass dem Epischen mehr Aufmerksamkeit geschenkt wurde und sich das auch auf das Drama auswirkte: Größere Monologe ersetzten Erzählvorgänge und wurden zum Bericht; großer Wert wurde auf Beschreibungen gelegt, die einem Roman Ehre gemacht hätten. Brecht sah im *Hofmeister* einen ursprünglichen Vorgang, der

---

108 Bertolt Brecht: *Der Hofmeister*. In: Stücke, Band XI. Berlin: Aufbau-Verlag, 1962, S. 214 (Im weiteren Verlauf wird Brechts *Hofmeister* nach dieser Ausgabe durch B und Seitenangabe zitiert).

noch nicht durch die klassische Harmonisierung verdeckt worden sei: „Noch hat die Idee nicht das Stoffliche vergewaltigt; es entfaltet sich üppig nach allen Seiten, in natürlicher Unordnung."[109] Lenz verkörperte für ihn eine Stufe vor der deutschen Klassik, auf der noch der große Gegenstand als gesellschaftlicher, sozialer und politischer Gegenstand behandelt wurde, nicht als philosophischer.

Als 1940 Brecht eine Reihe von Sonetten schrieb, diese unmittelbare Vorläufer der Bearbeitung des *Hofmeisters* nannte, konzipierte er am 17. Oktober 1940 auch eine „linie der versuche, bessere abbildungen des menschlichen zusammenlebens zustande zu bringen", worunter sowohl das soziale Gefüge als auch die triebhaften Grundlagen des Individuums verstanden werden müssen. Er zeichnete diese Linie „von der englischen restaurationskomödie über beaumarchais zu lenz"[110] und führte sie weiter zum Naturalismus.

Die Bearbeitung entstand zehn Jahre später in kurzer Zeit im Herbst 1949, am 22. Dezember 1949 wurde im *Arbeitsjournal* der Abschluss vermerkt.

> Bearbeitung im Herbst 1949

Die Veränderungen, die Brecht an Lenz' *Hofmeister* vornahm, waren gravierend. Nur ein Beispiel: Die beiden ersten Szenen bei Lenz wurden zu einer kurzen Szene zusammengezogen, wobei die Veränderung Läuffer sprach- und textlos machte und an dem Major und dem Geheimrat vorbeigehen ließ: „Es sieht nicht mehr Läuffer den Geheimen Rat und den Major, sondern die Herren sehen und übersehen ihn."[111] Wie einschneidend die inhaltlichen Veränderungen waren, soll mit zwei Szenenbeschreibungen aus der Inszenierung Brechts dokumentiert werden:

> *„9. In Halle hat Bollwerk die Angebete seines Freundes Pätus, die Jungfer Rehaar, geschwängert. Pätus, der hochherzige Jünger Kants, sieht es als seine Pflicht an, das Geld für die Abtreibung zu beschaffen,*

---

109 Bertolt Brecht: *Zu „Der Hofmeister" von Lenz*. In: ders.: Schriften zum Theater, Berlin und Weimar: Aufbau-Verlag, 1964, Band VI, S. 264.

110 Bertolt Brecht: *Arbeitsjournal 1938 - 1955*. Berlin und Weimar: Aufbau-Verlag, 1977, S. 124.

111 Berlau, S. 87.

da die Jungfer versichert, sie habe bei der Umarmung nur an ihn gedacht. Fritz opfert bewegt dafür sein Reisegeld in die Ferien nach Insterburg. Gustchen wird vergebens warten."[112]

„14a. Ein Jahr ist vergangen. Da entdeckt sein Schutzpatron [Wenzeslaus, R. B.] sein Mündel Lise in den Armen Läuffers. Wieder konnte der Unglückliche seine Triebe nicht zügeln."[113]

Die Selbstentmannung findet erst anschließend statt.

In den Notaten zum *Hofmeister* steht auch das Sonett *Über das bürgerliche Trauerspiel ‚Der Hofmeister' von Lenz*. Zugehörig ist ein zweites Sonett mit dem Titel *Über Kants Definition der Ehe in der ‚Metaphysik der Sitten'*[114]: „Den Pakt zu wechselseitigem Gebrauch / Von den Vermögen und Geschlechtsorganen / Den der die Ehe nennt, nun einzumahnen / Erscheint mir dringend und berechtigt auch. // Ich höre, einige Partner sind da säumig. / Sie haben – und ich halt's nicht für gelogen – / Geschlechtsorgane kürzlich hinterzogen: / Das Netz hat Maschen, und sie sind geräumig. // Da bleibt nur: die Gerichte anzugehn / Und die Organe in Beschlag zu nehmen. / Vielleicht wird sich der Partner dann bequemen // Sich den Kontrakt genauer anzusehn. / Wenn er sich nicht bequemt – ich fürcht' es sehr – / Muss eben der Gerichtsvollzieher her." – Kants *Metaphysik der Sitten* erschien 1785 nach der Entstehung des *Hofmeisters*. Für Brecht war die Ehe auch eine gegenseitige Anweisung zum Gebrauch der Geschlechtsorgane; er leitete daraus Pflichten und Forderungen ab.

Kant-Passagen

Kant-Passagen in das Stück aufzunehmen und damit eine philosophische Diskussion einzuführen, wurde erst während der Proben beschlossen. Bei Lenz ist kaum erkennbar, was denn Fritz von Berg und seine Kommilitonen in Halle studieren, indessen legt der Ortsname, den auch Lenz verwendete, symbolisch für die aufklärerische Philosophie, den Studiengegenstand nahe. Bei Brecht handelt es sich eindeutig um das Studium der Philosophie.

---

112 Ebd., S. 73.
113 Ebd, S. 75.
114 Bertolt Brecht: *Gedichte*. Berlin: Aufbau-Verlag, 1961, Band IV, S. 171.

Gustchens Bett war für Brecht eine Metapher und ein realer Freiraum, in dem die Menschen unabhängig von ihrer Herkunft ihre Sinnlichkeit und ihre Triebe ausleben können. Der Geschlechtsakt ist zuerst ein Sieg für Läuffer, den dieser aber nicht als solchen begreift. Indem sich Gustchen ihm hingibt, bedient sie nichts anderes als die Lust, die Läuffer sonst in einem Königsberger Bordell befriedigt hätte. Die adlige Majorstochter wird für Läuffer zur Hure, die Standesgrenzen sind zerstört.

Auf die komisch wirkende Selbstbeschreibung, mit der Lenz das Stück eröffnete, verzichtete Brecht. Was von ihr benötigt wurde, übernimmt nun der Geheime Rat von Berg, konzentriert auf die Feststellung: „Sein Vater hat mir das Haus eingerannt für ihn. Wollt eine Stell an der Stadtschule. Da ist er nicht studiert genug." (B 123). Das entspricht zuerst den Tatsachen – Lenz war für eine Tätigkeit an einer Schule nicht gebildet genug –, zeichnet aber ein Bild des Vaters, das ungewohnt ist. Gemeinhin unterstellte man eine konfliktreiche Beziehung zwischen Vater und Sohn und ein ausgeprägtes „Missverständnis mit dem Sohn"[115]. Nur selten wird mitgeteilt, der Vater habe sich mehr als statthaft für den Sohn eingesetzt und seine Beziehungen über Gebühr strapaziert, erfolglos, da die ungenügende Bildung des Sohnes und der fehlende Studienabschluss einem Aufstieg im Wege standen.[116]

Brecht hatte die Fabel des *Hofmeisters* verändert: Der Hofmeister verführt seine Schülerin, wie er von dieser verführt wird;

Veränderung der Fabel des *Hofmeisters*

er flieht in eine Dorfschule und verbirgt sich dort. Nachdem er erneut mit seiner Sinnlichkeit in Konflikt gerät, diesmal bei einem Bauern-

---

115 Indrek Jürjo: *Die Weltanschauung des Lenz-Vaters.* In: Inge Stephan / Hans-Gerd Winter (Hrsg.), „Unaufhörlich Lenz gelesen ..." Studien zu Leben und Werk von J. M. R. Lenz. Stuttgart – Weimar 1994, S. 147.

116 Es wurde durch neue Materialstudien versucht, das Bild des Vaters zu korrigieren. Vgl. dazu die Ausführungen Thomas Taterkas (Genua) auf dem Kolloquium „J.M.R. Lenz aus Livland" (Lübeck-Travemünde 1996). In: Rüdiger Bernhardt: Jakob Michael Reinhold Lenz. In: „Deutschunterricht", Berlin 49 (1996), Heft 6, S. 327 und Rüdiger Bernhardt: Zwischen Elsaß und Baltikum. Spuren des Livländers Jakob Michael Reinhold Lenz. In: „KK" (Kulturpolitische Korrespondenz) Nr. 969 vom 25. April 1996, S. 8.

mädchen, entmannt er sich, um dieses Bauernmädchen dann doch zu heiraten, während seine von ihm verführte Schülerin ihren ehemaligen Verlobten ehelicht und in diese Ehe das Kind des Hofmeisters mitbringt. – Der Unterschied zu Lenz liegt vor allem darin, dass sich Läuffer nicht deshalb entmannt, weil er ein adliges Fräulein entehrt hat, sondern weil Brechts Hofmeister nicht einmal auf der gleichen sozialen Ebene sexuelle Befriedigung suchen darf. Läuffer lebt seine Manneskraft aus, muss aber erfahren, dass ihm solches Ausleben verwehrt ist, will er sich in der gesellschaftlichen Hierarchie behaupten. Die ausgeprägte Sinnlichkeit eines Bediensteten, eines Domestiken ist der Karriere schädlich, bedroht sogar die soziale Existenz. Was für ihn die rettende und vernichtende Tat gleichermaßen ist – er wahrt die Karriere und hört auf, zeugungsfähig zu sein –, wird vom Dorfschullehrer Wenzeslaus in den größeren Zusammenhang gestellt. Durch die Kastration wird Läuffer bei Lenz „eine Leuchte der Kirche, ein Stern erster Größe, ein Kirchenvater selber" (S. 73, 31 f.), bei Brecht „eine Leuchte der Schulwelt, ein Stern erster Größe der Pädagogik" (B 194). Mutet der Aufstieg in der Kirche, wie ihn Wenzeslaus für Lenz prophezeit, als logische Folge von Entsagung an, so ist Kastration als Voraussetzung für Schule und Erziehung, wie Brechts Wenzeslaus erklärt, die Absage an eine lebenswirkliche, zukunftsbedeutsame Erziehung. Um diese ging es Brecht: Es sollten drei Schulmeister (Geheimer Rat Berg, Wenzeslaus, Läuffer) und drei Studenten, die Schulmeister werden wollen oder sollen (Fritz von Berg, Pätus, Bollwerk), vorgeführt werden „aus der Zeit, wo das deutsche Bürgertum sein Unterrichtssystem errichtete, weil das Stück ein anregendes satirisches Bild dieses Teils der deutschen Misere gibt"[117].

Die Inszenierung erforderte etwa 200 Probestunden, wobei nur 15 Minuten zwischen Brecht und Bühne diskutiert wurden, getreu dem Vorsatz, wenn etwas vorgeschlagen wurde, sollte es vorgespielt werden. Die Uraufführung fand am 15. April 1950 durch das Berli-

---

117 Bertolt Brecht: *Schriften zum Theater*. Berlin und Weimar: Aufbau-Verlag, 1964, Band VI, S. 307.

ner Ensemble im Deutschen Theater statt und wurde bejubelt. Die Gastspielreise mit dem Stück wurde zum überwältigenden Erfolg; allein in der Zeit vom 13. bis zum 24. September 1950 fanden in Wien 14 Aufführungen statt.

Brecht veränderte die soziale Charakteristik der Figuren: Adel ist nicht schlechthin Adel. Es ist bei Lenz preußischer Adel, genauer: ostpreußischer Landadel. Es war nach dem Ende des Zweiten Weltkrieges fast zum Stereotyp geworden, dass das Preußentum im Allgemeinen, der besonders rückständige ostpreußische Adel aber im Besonderen an der deutschen Misere bis 1945 schuld gewesen sei. Für solche Sicht bot sich Lenzens Stück an: Es zeigte die in mehrerer Hinsicht vorhandene Rückständigkeit des ostpreußischen Landadels. Um dieser Sicht Nachdruck zu verleihen, musste die Bürgerlichkeit des Geheimen Rates von Berg so reduziert werden, dass er dem ihm aufgelegten Raster der Rückständigkeit entsprach. Das geschah durch Kürzungen, die Bergs Neigung zum Bürgerlichen zurücknahmen.

> Veränderung der sozialen Charakteristik der Figuren

Brecht betonte populäre Züge des ostpreußischen Adels. „Die Sitten und Gebräuche Insterburgs sehen eine Ermunterung von Fremden nicht vor."[118] In Insterburg stand das Dragonerregiment Alt Platen, in dem sicherlich Major von Berg diente. 1792 kämpfte es in der Koalitionsarmee gegen die Französische Revolution. Das war die Zeit, in der Brecht die Bearbeitung spielen lässt, Lenz aber in Moskau verwirrt und obdachlos starb. Von der Französischen Revolution 1789 hatte er nichts aufgenommen. In der letzten Zeit seines Lebens gehörte der vergleichenden Sprachgeschichte – der „alten Emblematischen Sprache"[119] – und den Vorgängen in Russland – „Man studiert überhaupt in Liefland zu wenig russische Geschichte."[120] – entschiedene Aufmerksamkeit.

> Betonung der populären Züge des ostpreußischen Adels

---

118 Berlau, S. 70.
119 Lenz, Bd. 3, S. 664.
120 Mitte 1789, ebd., S. 664.

Zwischen Brechts Fassung und Lenzens *Hofmeister* gibt es einen deutlichen zeitlichen Unterschied, der bei der Genauigkeit, mit der Brecht arbeitete, weder Zufall noch Fehler ist. Insterburg war weit weniger Ortsbezeichnung als ein sprechender Name. In der preußischen Hauptstadt Berlin galt eine Versetzung nach Insterburg als eine Art Verbannung; Insterburg selbst hatte eine ähnlich metaphorische Bedeutung bekommen wie das Land „wo der Pfeffer wächst". Bereits Lenz hatte seinen Gestalten sprechende Namen gegeben, die das Stück der „Typenkomödie" annäherten und auf Traditionen des Volkstheaters verwiesen. Lenz stattete die meisten Gestalten mit sprechenden Namen aus: die Jungfern Hamster und Knicks, den Herrn von Seifenblase und natürlich Läuffer, der sowohl seine Stellung (ein Läufer) als auch seinen Zustand (läufig), – „Er ist am letzten Sonntag sogar hinter der Beckschen hergegangen." (B 134) – mit dem Namen signalisiert. Brecht schränkte das Verfahren bei den Gestalten ein, dehnte es aber auf den Ortsnamen Insterburg aus: Mit ihm wollte er Provinz, Bildungsmangel, Abgeschiedenheit, Prüderie und Rückständigkeit signalisieren.

Änderung des zeitlichen Ablaufs der Handlung

Den zeitlichen Ablauf der Handlung änderte Brecht wesentlich. Während bei Lenz die Handlung von 1766 bis 1770 spielte und es sich dabei um ein Gegenwartsstück mit Gegenwartsstoff handelte, der Siebenjährige Krieg (1756–1763) war gerade vorüber, verlegte Brecht sein Stück auf das Ende des Jahrhunderts. Im Prolog heißt es deutlich: „Geehrtes Publikum, unser heutiges Stück / Wurd verfasst einhundertfünfzig Jahre zurück." (B 121) Für die Zuschauer des Jahres 1950 war das eindeutig und leicht überschlagbar 1800. Damit gibt der Prolog dem Stück einen anderen historischen Hintergrund, der durch die genauen Titel der Schriften Kants, über die in den Halle-Szenen diskutiert wird, noch verstärkt wird. Die Französische Revolution ist vorüber, aber das letzte erinnernswerte Ereignis der handelnden Figuren in Ostpreußen ist der Siebenjährige Krieg,

während man in Halle bereits Kants *Zum ewigen Frieden* aus dem
Jahre 1795 im Alltag anzuwenden versucht. Brecht hat die Handlung
seines Stückes um rund dreißig Jahre zur Gegenwart hin verschoben.
Es ging ihm um den Geist der Französi-
sche Revolution, um die deutsche klassi-   **Geist der Französischen Revolution**
sche Literatur und die deutsche idealistische Philosophie. Die Ereig-
nisse der Französischen Revolution sind jedoch noch nicht in
Ostpreußen angekommen. In der Literatur ist zwar Gellert durch
Klopstock abgelöst worden, aber Gustchen und Fritz kennen den
Klopstock der heldischen Gesänge germanischer Zeit (*Hermann und
Tusnelda*), nicht den Dichter der Französischen Revolution (*Les Etats
Generaux*). Kants Philosophie, in Königsberg, unweit Insterburgs, entstanden, gehört im pietistischen Halle schon zum Alltag und wird von
Halle'schen Studenten diskutiert, nicht aber im Salon der Majorin
von Berg oder zwischen den Brüdern Berg; sie debattieren lieber
über „Farra communis, gemeiner Farn,
älteste aller Erdpflanzen" (B 123). Ost-   **Ostpreußen als Synonym für
preußen als Synonym für „Rückständig-   „Rückständigkeit"**
keit" wurde von Brecht mit Nachdruck betont. Während bei Lenz die
europäische Geschichte, der gerade zurückliegende Siebenjährige
Krieg, und die Zeitgeschichte Insterburgs, stellvertretend für Ostpreußen, weitgehend übereinstimmten, wurde bei Brecht zwischen
beiden ein grundsätzlicher Unterschied gemacht. Insterburg ist noch
in der Zeit des Siebenjährigen Krieges befangen, abweichend von
Lenz beginnt die Bearbeitung mit dem Verweis auf „die sieben Jahre
Krieg" (B 122); die Vorgänge selbst spielen aber bereits in der nach-
revolutionären Zeit nach 1789. Aus dem Sturm und Drang gerät das
Stück so direkt in die Klassik. Lenz, schon seit 1778 verwirrt und
umhergetrieben, schizophren und als wahnsinnig bezeichnet[121], stirbt
1792. Die drei Szenen, die Brecht unverändert in Halle an der Saale

---

121 Vgl. dazu: Bo Ullmann: *Zur Form in Georg Büchners „Lenz".* In: Impulse. Dank an Gustav Korlen zu
     seinem 60. Geburtstag, hrsg. von Helmut Müssener und Hans Rossipal. Stockholm 1975, S. 174. Es
     wird von „fast klinisch genau" beschriebener Schizophrenie, Depersonalisation und Perseveration ge-
     sprochen.

belässt, spielen durchweg zu anderer Zeit als bei Lenz. Es wurden Erfahrungen unterstellt, die Lenz durchaus haben konnte: Von seinem Vater hörte er oft genug wütende Urteile über den Halle'schen Philosophen Wolff, der die kirchlichen Dogmen von der menschlichen Vernunft prüfen lassen wollte. Die zeitliche Verschiebung änderte auch literarische Bezüge. Bei Lenz (S. 14, 9) sahen die Liebenden Fritz und Gustchen noch in Gellert ihren Kronzeugen für ihre Gefühle, bei Brecht wurde es Klopstock. Die Szene bei Brecht ist Goethes *Leiden des jungen Werther* (1774) nachgebildet.

Lenz übte Kritik an Adel und Bürgertum. Läuffer steht deklassiert und einsam dazwischen. Zu jenem, dem Adel, steigt er nicht auf, dieses, das Bürgertum, repräsentiert er wegen seiner Verstümmelung nicht. Brecht hat auch hier eine entscheidende Veränderung vorgenommen. Bei Lenz entmannt sich Läuffer, *nachdem* er Gustchen geschändet, damit seine Stellung als Domestik missbraucht und das adlige Mädchen ruiniert hat. Bei Brecht hat dieses Ereignis mindere Bedeutung. Hier entmannt sich Läuffer *erst*, als sich seine Begierde auf die sozial gleichgestellte Lise richtet. Damit zerstörte er seine bürgerliche Karriere, käme in soziale Nöte und vernichtete Lise im Sinne der bürgerlichen Wert- und Ehrvorstellungen, weil sie kein Wohlstand auffänge. Also heiratet man, ohne zeugungsfähig zu sein, sichert seine soziale Stellung und beendet sie gleichzeitig, weil man keinen Nachwuchs hat. Aus Lenz' Komödie wird bei Brecht die soziale Groteske.

Brechts Bearbeitung wurde auch später immer wieder inszeniert, Anfang der 1970er Jahre in Halle (Saale) in der Regie von Peter Kupke, 1977 wieder im Berliner Ensemble. Peter Kupke, der auch in Berlin Regie führte, hielt sich an Brechts Vorlage. Ein Kritiker bestätigte die Absicht:

„*Das tragische Schicksal des Hofmeisters … Läuffer ist makaber-sarkastisches Gleichnis für den geistigen und Erziehungsnotstand eines Volkes im zeitlichen Grenzraum zwischen Feudalismus und Kapitalismus. Es wird auf der Bühne satirische Ausdeutung einer literarischen Vergangenheitsbeschreibung, ohne die tragischen Aspekte höhnisch hinwegzusubtrahieren. Indem der Vorgang, wie Lenz ihn aus der Mitte des 18. Jahrhunderts gegriffen hat, aus gleichsam historischer wie souverän-ironischer Distanz betrachtet wird, fordert er als so wie hier gestaltetes Theater wachsame Selbstprüfung heraus, vermittelt durch witzvolles und dialektisches, sinnliches Spiel.*"[122]

---

122 Rainer Kerndl: *Dialektisches, sinnliches Theaterspiel.* Neuinszenierung des „Hofmeister" im Berliner Ensemble. In: Neues Deutschland vom 8./9. Oktober 1977 (Bericht von den XXI. Berliner Festtagen).

5. Materialien

In der „poetischen Literaturgeschichte" der Schriftstellers
Robert Walser (1878–1956) gibt es auch eine Szenenfolge *Lenz*
(1912), in der wichtige Lebensetappen (die Liebe zu Friederike
Brion, die Freundschaft mit Goethe, die „Eseley" in Weimar
und der aufbrechende Wahnsinn) gereiht werden. Walser
lässt Lenz dabei einige seiner Werke beschreiben. Zum *Hofmeister* sagt er:

*„In unsere deutsche Literatur muss der Sturm fahren, dass alte, morsche
Haus in seinen Gebalken, Wänden und Gliedern zittern. Wenn die Kerls
doch einmal natürlich von der Leber weg reden wollten. Mein ‚Hofmeister'
soll sie in eine gelinde Angst jagen. Jagen, stürmen. Man muss klettern.
Man muss wagen. In der Natur ist es wie in Rauschen und Flüstern von
Blut. Blut muss sie in ihre aschgrauen, blassen alten Backen bekommen,
die schöne Literatur.*"[123]

Bei Brecht spielte der Schauspieler Willi Schwabe den Grafen
Wermuth und hatte vor, ihn wie den Hofmarschall von Kalb
aus Schillers *Kabale und Liebe* zu spielen, degeneriert und
dumm. Doch legte Brecht die Rolle anders an und wollte die
spezielle Müdigkeit der Nichtstuer sehen. Das Ergebnis war
beeindruckend:

*„Der Regisseur sagte: Sie müssen so mit Sprechen einsetzen, als ob man
eine Grammophonplatte in der Mitte anlaufen lässt.
Nun war die Szene nicht mehr nur lächerlich, sondern auch böse. Die
Eiseskälte, mit der der Graf den von der Majorin engagierten Hofmeister
übersieht, die Brutalität, mit der er ihn behandelt, wirkten auf das Publikum so, dass das Gelächter, welches meinen Auftritt begleitet hatte, sofort*

---

123 Robert Walser: *Dichteten diese Dichter richtig?* Eine poetische Literaturgeschichte. Hrsg. von Bernhard
Echte. Frankfurt a. M. und Leipzig: Insel Verlag, 2002 (insel taschenbuch 2789), S. 49 f.

verstummte. Das Publikum erkannte Bösartigkeit und Gefährlichkeit des Grafen Wermuth, der den jungen Hofmeister, dessen größtes Vergehen es ist, weder Rang noch Namen zu besitzen, ohne den kleinsten Anflug einer menschlichen Regung, in die Kategorie der Domestiken verweist."[124]

Der Literaturwissenschaftler Hans Mayer hat sich intensiv mit Dramatikern wie Lenz, Kleist und Georg Büchner beschäftigt. Zu einer Werkauswahl von Lenz (*Werke und Schriften*, Stuttgart 1966–67) schrieb er den Essay *Lenz oder die Alternative*. Darin beschäftigte er sich auch mit den tragischen und komischen Elementen im *Hofmeister*:

„So entsteht das einzigartige Gebilde des ‚Hofmeister', worin zwei typische Konflikte der konventionellen Tragik abgebogen werden zur komischen Schlussharmonie. Das entehrte Adelsfräulein braucht nicht im Selbstmord oder Elend zu Grunde zu gehen. Ihr Sprung in den Teich, aus dem der Vater sie auffischt, da der Graf Wermuth nicht schwimmen kann, wirkt wie eine höhnische Absage an die tragische Konvention. Hier wird mit dem Selbstmordmotiv, also der Wertherei, nicht ohne Bosheit gespielt. Büchners durch den in Werthers Farben blau und gelb gekleideten Valerio am Sprung in den Teich gehinderter Prinz Leonce wurde vorweggenommen. Gustchen von Berg braucht nicht, obgleich ein ‚gefallenes Mädchen', den Leidensweg Gretchens, des Evchen Humbrecht bei Heinrich Leopold Wagner oder der Marie Wesener in Lenzens ‚Soldaten' zu gehen. Einen adligen Ehemann erhält sie trotzdem. ... Eine böse Komödie."[125]

Die Zeitschrift *Temperamente. Blätter für junge Literatur* bot in ihrer Gliederung stets einen Abschnitt *Vorrat* an, dort wurden jugendlichen Lesern Dichter vorgestellt, die ihnen nahe gebracht werden sollten. 1978 stellte Wolfgang Widdel Lenz vor:

---

124 Berlau, S. 100.
125 Mayer, S. 120 f.

„*Lenz, voll Angriffslust, veröffentlicht seine Komödie ‚Der Hofmeister oder Vorteile der Privaterziehung'. Hofmeister Läuffer ist die rechtlose, gedemütigte, an Unterordnung gewöhnte Kreatur in einer von zügellosen Gestalten bevölkerten Bühnenlandschaft, die durch Stimmungsbilder aus dem dunklen Norden eingefärbt ist … Die Fähigkeiten Läuffers sind verkümmert, er ist dem Spiel einer skrupellosen Oberschicht nicht gewachsen, und so ist seine Selbsttat, der Verzweiflungsakt der Selbstverstümmelung, die Folge, und wenn Lenz etwa zur gleichen Zeit in einem ‚Versuch über das erste Prinzipium der Moral' feststellt: ‚… wir müssen versuchen, andere um uns herum glücklich zu machen …', im ‚Hofmeister' bleibt dieser Ruf ohne Echo, selbst dann, wenn der Hans (sprich der Hofmeister) am Schluss doch noch seine Grete bekommt.*"[126]

Der Schriftsteller Christoph Hein, der auch Lenz' *Der Neue Menoza* für die Bühne bearbeitete (1980), hat 1981 für die französische Zeitschrift *Connaissance de la RDA* ausführlich Lenz' Besonderheit in der Literaturgeschichte beschrieben. Dabei ist er auch auf die Dramenstruktur eingegangen:

„*Die Fabeln seiner Stücke werden lebhaft erzählt, ein forciertes, beunruhigendes Tempo. Eine durchaus auch polemische Regsamkeit gegen die festgeschriebene Tradition der Antike und den Einfluss des klassizistischen Frankreich. Hier teilt er das Verdienst mit Zeitgenossen. Auffällig wird es bei ihm durchs Extrem: Theaterszenen von wenigen Zeilen. Nach einigen andeutenden Worten, divinatorischen Kürzeln, schließt sich bereits wieder der Bühnenvorhang. Man kennt dies als Büchner'sche Dramentechnik, oder bezeichnets – vollends anachronistisch – als Kinodramaturgie.*"[127]

---

126 Wolfgang Widdel: *Versuch über Lenz*. In: Temperamente. Blätter für junge Literatur, 3. Jg. Berlin, 1978, Heft 1, S. 137 (Punkte im Original).

127 Christoph Hein: *Waldbruder Lenz*. In: ders: Öffentlich arbeiten. Essais und Gespräche. Berlin und Weimar: Aufbau-Verlag, 1987, S. 94.

1985 erschien neben Sigrid Damms *Vögel, die verkünden Land* Henning Boëtius' Buch *Der verlorene Lenz – Auf der Suche nach dem inneren Kontinent.* Das Buch war nicht erfolgreich, obwohl sein Verfasser brisante Thesen aufstellte. Eine davon präzisierte er in einem Interview:

„Lenzens thematische Fixierung an den ‚Geschlechtstrieb', wie Sie sagen, scheint mir mit seiner neurotisch stimulierten Wahrheitssucht zusammenzuhängen. Pfarrerssohn, Hofmeister ... das sind Stichworte, die die rabiate sexuelle Knechtung einer solchen Person durch die Gesellschaft umschreiben. Es kann gar nicht anders sein: Wenn man sich nicht sexuell ausleben kann, wenn man Sexualität vielmehr mit Schuldgefühlen erlebt, wenn man – wie Kierkegaard – die Onanie als erbsündliche Zwangshandlung erfährt (Lenz war bestimmt in dieser Hinsicht höchst aktiv), dann ist es vielleicht die einzige Chance, wenigstens verbal die Flucht nach vorne anzutreten. Die Selbstkastration des Hofmeisters spricht Bände."[128]

---

128 Kaufmann, S. 142.

Literatur

1) Ausgaben

Lenz, Jakob Michael Reinhold: *Werke und Briefe in drei Bänden.* Hrsg. von Sigrid Damm. Leipzig: Insel-Verlag, 1987 (Bd. 1: *Der Hofmeister*); identisch mit den Ausgaben München: Hanser, 1987 und Frankfurt a. M.: Insel, 1992.
(Zitiert als ‚Lenz, Bd. 1' [2, 3].)

Lenz, Jakob Michael Reinhold: *Der Hofmeister oder Vorteile der Privaterziehung.* Eine Komödie. Anmerkungen von Friedrich Voit. Nachwort von Karl S. Guthke. Stuttgart: Philipp Reclam jun., 1963, zuletzt 2003, Universal-Bibliothek Nr. 1376.
(Nach dieser Ausgabe wird zitiert.)

Lenz, Jakob Michael Reinhold: *Der Hofmeister oder Vorteile der Privaterziehung.* Eine Komödie. Mit einem Nachwort von Hans Dahlke. Leipzig: Philipp Reclam jun., 1958, Universal-Bibliothek Nr. 1376.

Lenz, Jakob Michael Reinhold: *Der Hofmeister.* Synoptische Ausgabe von Handschriften und Erstdruck. Hrsg. von Michael Kohlenbach. Basel, Frankfurt a. M.: Stroemfeld/Roter Stern, 1986.

Lenz, Jakob Michael Reinhold: *Ein Lesebuch für unsere Zeit.* Hrsg. von Peter Müller und Jügen Stötzer. Berlin: Aufbau Taschenbuch Verlag, 1992.

2) Lernhilfen und Kommentare für Schüler

Becker-Cantario, Barbara: *J. M. R. Lenz: Der Hofmeister*. In: Dramen des Sturm und Drang. Stuttgart: Reclam, 1987, S. 33–56.

Bernhardt, Rüdiger: *Jakob Michael Reinhold Lenz aus Livland*. In: Deutschunterricht. Berlin 1996, 49. Jahrgang, Heft 6, S. 327 f.

Müller, Udo: *J. M. R. Lenz: Der Hofmeister*. Mit Materialien. Stuttgart: Klett, 2000 (Editionen für den Literaturunterricht).

Sudau, Ralf: *Jakob Michael Reinhold Lenz. Der Hofmeister/Die Soldaten*. Oldenbourg Interpretationen Band 5. München: Oldenbourg Schulbuchverlag, 2003.

Voit, Friedrich: *Jakob Michael Reinhold Lenz. Der Hofmeister oder Vorteile der Privaterziehung.* Erläuterungen und Dokumente. Stuttgart: Philipp Reclam, Universal-Bibliothek Nr. 8177, 2002.

3) Sekundärliteratur

Berlau, Ruth, Bertolt Brecht, Claus Hubalek, Peter Palitzsch, Käthe Rülicke: *Theaterarbeit. 6 Aufführungen des Berliner Ensembles.* Hrsg. vom Berliner Ensemble, Helene Weigel. Dresden: VVV Dresdner Verlag, 1952, *Der Hofmeister*: S. 68–120.

Bernhardt, Rüdiger: *Vom Aufstand der Sinne. Bertolt Brechts Bearbeitung des ,Hofmeisters' von Jakob Michael Reinhold Lenz aus dem Jahre 1950.* In: Das Brecht-Jahrbuch 22 (The Brecht Yearbook 22). Hrsg. von Maarten van Dijk. Ontario (Canada): University of Waterloo, 1997, S. 305–338.

Bode, Wilhelm (Hg.): *Goethe in vertraulichen Briefen seiner Zeitgenossen.* Berlin: Aufbau Taschenbuch Verlag, 1999, 3 Bände.

Damm, Sigrid: *Vögel, die verkünden Land.* Das Leben des Jakob Michael Reinhold Lenz. Berlin und Weimar: Aufbau-Verlag, 1985.

Guthke, Karl S.: *Geschichte und Poetik der deutschen Tragikomödie.* Göttingen: Vandenhoeck & Ruprecht, 1961.

Hettner, Hermann: *Geschichte der deutschen Literatur im achtzehnten Jahrhundert.* Berlin: Aufbau-Verlag, 1961, 2 Bände.
(Die zwischen 1862 und 1870 erstmals erschienene Literaturgeschichte ist bis heute als „der Hettner" ein Standardwerk für die deutsche Literatur des 18. Jahrhunderts, geht aber mit Lenz ungerecht um.)

Hohoff, Curt: *Jakob Michael Reinhold Lenz mit Selbstzeugnissen und Bilddokumenten.* rowohlts monographien 50259. Reinbek bei Hamburg: Rowohlt Taschenbuch Verlag, 1999 (5. Auflage).

Kaufmann, Ulrich, Wolfgang Albrecht, Helmut Stadeler (Hrsg.): *„Ich aber werde dunkel sein".* Ein Buch zur Ausstellung Jakob Michael Reinhold Lenz. Jena: Verlag Dr. Bussert & Partner, 1996.

Mayer, Hans: *Lenz oder Die Alternative.* In: ders.: Das unglückliche Bewusstsein. Frankfurt am Main: Suhrkamp Verlag, 1986 (Erstdruck in: Jakob Michael Reinhold Lenz: Werke und Schriften, hrsg. von Britta Titel und Hellmut Haug. 2 Bände. Stuttgart: Goverts, 1966–67. Band 2).
(Die Modernität des Stückes und der gebrochene Umgang mit dem Komödiantischen finden hier ihren wichtigsten Ausdruck. Es ist eine der glänzendsten Interpretationen des Werkes.)

Müller, Peter (Hg.): *Jakob Michael Reinhold Lenz im Urteil dreier Jahrhunderte.* Texte der Rezeption von Werk und Persönlichkeit; 18.–20. Jahrhundert. 3 Bände. Bern: Peter Lang, 1995.

Stötzer, Jürgen: *Das vom Pathos der Zerrissenheit geprägte Subjekt.* Eigenwert und Stellung der epischen Texte im Gesamtwerk von J. M. R. Lenz. Frankfurt am Main, Bern, New York, Paris: Peter Lang, 1992.

Winter, Hans-Gerd: *Jakob Michael Reinhold Lenz.* Sammlung Metzler, Bd. 233, Stuttgart: Metzler, 2000 (2. Auflage).

4) Film

Der Hofmeister oder Vorteile der Privaterziehung/von Jakob Michael Reinhold Lenz. Bearbeitung: Bertolt Brecht. Musik u. musikalische Bearbeitung: Axel Alexander. Fernseheinrichtung u. Regie: Harry Buckwitz. – [Frankfurt a. M.]: Hessischer Rundfunk, 1976. – 1 Videokassette (VHS, 117 Min.). Fernsehinszenierung, BRD 1976. – Auch gesendet in der 3sat Serie: Alles was Brecht ist ...

5) Materialien aus dem Internet

http://gutenberg.spiegel.de/autoren/lenz.htm
(Lenz' Werke online.)

http://www.jacoblenz.de/
(Forschungsstelle J.M.R. Lenz, Universität Mannheim)

http://lenz-forum.schobert.de/
(„Ich aber werde dunkel sein ..." Leben und Werk des J.M.R. Lenz. Eine Ausstellung von Dr. Ulrich Kaufmann unter Mitarbeit von Kai Agthe. Für das Internet adaptiert von Thomas Schobert.)

Wie interpretiere ich...?

■ Der Bestseller!

Alles zum Thema Interpretation,
abgestimmt auf die individuellen Anforderungen

�ြ **Basiswissen**
(Einführung und Theorie)
- grundlegende Sachinformationen zur Interpretation und Analyse
- Grundlagen zur Erstellung von Interpretationen
- Fragenkatalog mit ausgewählten Beispielen
- Analyseraster

☞ **Anleitungen**
(konkrete Anleitung - Schritt für Schritt,
mit Beispielen und Übungsmöglichkeiten)
- Bausteine einer Gedichtinterpretation
- Musterbeispiele
- Selbsterarbeitung anhand praxisorientierter Beispiele

☞ **Übungen mit Lösungen**
(prüfungsnahe Aufgaben zum Üben und Vertiefen)
- konkrete, für Klausur und Abitur typische Fragen und Aufgaben-
stellungen zu unterrichts- und lehrplanbezogenen Texten mit Lsg.
- epochenbezogenes Kompendium

Bange
...leichter lernen!